상수리 인물 책방 🌰상수리

상수리 인물 책방은 위인들의 삶을 만나기 위해서 만든
상수리만의 방입니다.
어린이 여러분들이 상수리 인물 책방에서 마주하는
훌륭한 위인들의 특별한 삶을 통해 교훈을 배우고,
감동적인 이야기에 눈물도 흘리면서
몸과 마음이 튼실하게 성장하기 바랍니다.
상수리 인물 책방의 문은 항상 열려 있습니다.

상수리 인물 책방 04

사랑으로 품은 청진기
바람개비 의사
이길여

백은하 글 | 이영림 그림

상수리

작가의 말

환자밖에 모르는 의사, 이길여

　어린이 여러분, 아플 때 찾아가는 곳이 어디죠? 병원이죠. 그런데 병원 하면 왠지 겁부터 나지요. 하지만 의사 선생님이 친절하게 대해 주면 어떨까요? 두려움은 사라지고 믿음이 가겠죠? 이 책은 평생을 환자만을 위해 살아온 이길여 박사에 관한 이야기예요.

　이길여 박사는 어린 시절 친한 친구와 아버지의 죽음을 겪으면서 의사가 되기로 결심했어요. 어린 길여는 다치거나 병든 동물들을 보면 그냥 지나치지 않고 보살펴 주었어요. 그리고 열심히 공부해서 서울대학교 의대에 들어갔어요.

　의사가 된 이길여는 생명을 소중히 여기는 마음으로 환자를 치료했어요. 돈이 없어서 병원에 오지 못하는 환자들을 위해 무료 진료를 하고, 아무도 돌아보지 않는 소외 지역에 병원을 세웠어요. 단 한 명의 환자도 포기하지 않고 살리기 위해 애를 썼지요. 이길여 박사는 환자에게 '생명의 은인'이고, '수호천사'였지요.

이길여 박사의 꿈은 여기서 멈추지 않았어요. 이후 가천대학교를 세워 훌륭한 인재를 기르는 데 힘을 쏟았어요.

이길여 박사는 평생 동안 뜨거운 열정과 봉사하는 마음으로 살았어요. 꿈을 이루기 위해서 쏟아지는 잠을 참고, 밥도 제때 챙겨 먹지도 못하면서 공부를 했어요. 그리고 평생을 환자들을 위해 봉사하며 살았지요.

이러한 사랑과 희생정신은 모두 어머니에게 배운 것이었어요. 어머니는 수많은 어려움에 부딪힐 때마다 이길여 의사를 믿어 주고 응원해 주었어요.

이길여 박사는 어머니에게 받은 사랑을 고스란히 환자들에게 돌려주었지요.

어린이 여러분, 꿈을 이루는 일은 쉬운 일은 아니랍니다. 하지만 힘들어도 이길여 의사처럼 포기하지 말고 꿋꿋하게 이겨내세요. 열정을 가지고 조금씩 앞으로 달려가다 보면 희망이 보일 테니까요.

2015년 초여름, 백은하

차례

작가의 말 · · · · · · · · · · · · · · · 4

언제나 든든한 어머니 · · · · · · · · 8

물꼬를 트는 아이 · · · · · · · · · · 17

의사가 될 거야 · · · · · · · · · · · 22

급장이 되고 싶어 · · · · · · · · · · 29

우리 마을 꼬마 의사 선생님 · · · · · 35

학교 가는 길은 힘들어 · · · · · · · 45

아버지의 죽음 · · · · · · · · · · · 55

꿈꾸던 대학, 위태로운 조국 · · · · · 64

미국 유학의 꿈 · · · · · · · · · · 70

환자만 생각하는 의사 · · · · · · · · 78

더 좋은 의사가 되기 위해 · · · · · · 85

꿈을 위한 시간들 · · · · · · · · · · · 92

이길여 산부인과 · · · · · · · · · 98

고마운 환자들 · · · · · · · · · · 106

오직 환자를 위한 마음 · · · · · · · · 113

어머니의 사랑으로 · · · · · · · · · · 120

♥ 가천 이길여 박사가 걸어 온 길 · · · 130
♥ 가천 이길여 박사의 수상 내역 · · · · 131

언제나 든든한 어머니

　　　　　　전라북도 옥구군 대야면 죽산리 안터는 군산에 있는 정겨운 마을이에요. 이 씨 집안에 경사가 났어요. 어머니가 삼 년 만에 아기를 가졌기 때문이에요. 할머니는 오랫동안 손자가 태어나길 애타게 바랐어요.

　"손이 귀한 집에 시집을 왔으면 떡두꺼비 같은 아들을 낳아야지. 식구들을 먹여 살리려면 남자가 있어야 해."

　어느 날, 어머니가 수줍은 얼굴로 할머니에게 말했어요.

　"어머님, 제가 어젯밤에 꿈을 꿨는데요. 그 꿈이 얼마나 선명한지 아무래도 태몽 같아요."

"그래? 무슨 꿈을 꿨는지 얼른 말해 봐라."

할머니가 기대에 찬 눈빛으로 재촉했어요.

"모두 들에서 바쁘게 일하고 있었어요. 저는 새참을 광주리에 정성스럽게 담아 머리에 이고 들로 나갔어요. 그런데 광주리를 내려놓으니 밥하고 반찬은 없고, 누런 놋숟가락들이 가득 담겨 있었어요."

할머니는 태몽을 듣고 무릎을 치며 기뻐했어요.

"놋숟가락들이 가득했다는 걸 보니 많은 사람들을 먹여 살리며 보살핀다는 뜻이구나. 틀림없이 이번엔 아들이다. 그것도 아주 큰 일을 할 녀석이야, 암!"

평소 말이 없는 할아버지도 한마디 거들었어요.

"고추 달린 손자 녀석이 태어나면 동네잔치를 크게 해 볼란다."

태몽을 꾼 뒤로 어머니는 할아버지와 할머니의 관심과 사랑을 한 몸에 받았어요. 어머니는 기쁘기도 했지만 한편으로는 혹시라도 아들이 아니면 어쩌나 하는 걱정이 들기도 했어요.

"응애, 응애!"

몇 달 뒤, 우렁찬 울음소리와 함께 아기가 태어났어요. 하지만 아기는 모두가 바라던 아들이 아닌 딸이었어요. 집안은 어느새 초상집 분위기가 되었어요. 가족들 중 어느 누구도 힘들게 아기를 낳은 어머니에게 고생했다는 말 한마디조차 하지 않았어요. 할아버지는 아기의 이름도 지어 주지 않았어요.

"내가 계집아이 이름만 지어서 되겠냐? 사내아이라고 동네방네 떠들어댔는데, 창피해서 밖에 나가서 고개를 들 수가 없구나."

할아버지는 땅이 꺼질 듯이 긴 한숨을 내쉬며 퉁명스럽게 말했어요.

어머니는 서럽고 야속한 마음이 들었지만 어디에도 하소연할 곳이 없었어요. 그저 여자아이라는 이유로 이름도 갖지 못한 가엾은 갓난아기를 바라보며 눈물만 흘렸어요. 곁에서 지켜보던 아버지가 어머니를 따듯하게 위로해 주었어요.

"아기 이름은 내가 생각해 둔 게 있으니 걱정 마시오. 길여, 어떻소? 이. 길. 여. 언제나 행운이 따르고 좋은 길로 가라는 뜻이오."

"이길여! 정말 좋은 이름이네요."

어머니는 활짝 웃으며 기뻐했어요.

"길여야, 엄만 네가 딸이라도 괜찮아. 훌륭하게 자라서 태몽처럼 많은 사람들을 보살피며 살아가거라."

아기는 어머니의 말을 알아듣기라도 한 것처럼 어머니를 쳐다보며 방긋 웃었어요.

어느새 길여는 여섯 살이 되었어요. 할아버지와 할머니는 길여에게 좀처럼 정을 주지 않았어요. 여전히 길여가 아들이 아닌 걸 서

운하게 여겼어요.

"저게 계집아이가 아니고 사내 녀석이면 얼마나 좋았을까?"

"말하면 뭐하겠어요. 속만 상하지."

그럴 때마다 길여는 어디로든 숨고 싶었어요. 할아버지와 할머니 앞에서는 주눅이 들어서 말도 제대로 하지 못했어요. 어머니는 그런 길여를 볼 때마다 마음이 아팠어요.

어머니는 길여를 따뜻하게 안아 주고 용기를 주었어요.

"길여야, 걱정하지 마라. 여자로 태어난 건 죄가 아니야. 언젠가 너에게는 이름처럼 행운이 따르게 될 거야."

길여는 어머니의 사랑 속에서 밝고 꿋꿋하게 자랄 수 있었어요.

어느 날 마을에 유랑 극단이 왔어요. 길여는 아침부터 아버지 눈치를 살피며 마당을 서성댔어요. 하지만 길여가 잠깐 한눈파는 사이에 아버지는 언니만 데리고 유랑 극단을 구경하러 갔어요. 언니는 딸이지만 자식이 귀한 집안의 첫째라는 이유로 가족들의 귀여움을 독차지했어요. 길여는 그런 언니가 부럽기도 했고 때로는 밉기도 했어요.

저녁이 되자 아버지와 언니가 돌아왔어요. 언니는 한 손에 막대 사탕을 들고 있었어요. 길여는 참았던 눈물을 터뜨렸어요.

"으앙!"

길여의 울음소리로 집안이 들썩였어요. 그러자 아버지는 화를 내며 애먼 어머니를 나무랐어요.

"뚝 그쳐! 당신은 집에서 애 교육을 어떻게 시킨 거요?"

길여는 울음을 그치고 어머니의 뒤에 숨었어요. 어머니는 언제나처럼 길여를 감싸 주었어요.

"길여 아버지, 길여가 유랑 극단을 얼마나 보고 싶어했는지 몰라요. 제가 잘 알아듣게 얘기할 테니 이제 그만하세요."

하지만 그날 저녁, 또다시 일이 터지고 말았어요. 가족들이 모두 모여서 저녁밥을 먹고 있는데 언니와 길여가 동시에 똑같은 고기반찬을 집었어요. 언니가 길여에게 말했어요.

"내가 먼저 집었어."

"아니야. 내가 먼저야!"

할머니는 길여를 야단치며 고기를 집어 언니 숟가락 위로 얹어 주었어요.

"쪼그만 게 욕심만 많구나. 동생이 언니한테 양보를 해야지."

평소에 길여는 할머니 앞에서는 입을 꾹 다물었지만 이번에는 물러서지 않았어요.

"할머니, 동생이라고 양보만 해야 해요? 제가 먼저 집었어요!"

할머니는 길여의 말에 당황하며 말했어요.

"넌 평소에는 말도 못하다가 억울한 게 있을 때만 말문이 트이는 거냐?"

"할머니가 무조건 언니 편만 들잖아요."

길여가 할머니에게 말대꾸하자, 아버지는 길여를 크게 꾸짖었어요.

"이 녀석이 어디서 감히 어른에게 말대꾸하는 거냐. 도대체 누구한테 그런 못 돼먹은 버릇을 배운 거야. 어서 할머니께 죄송하다고 말씀드려."

길여는 세상에 자기편은 아무도 없는 것 같았어요. 서러운 마음에 밤늦게까지 펑펑 울었어요.

다음날 아침, 길여는 일찍 눈을 떴어요. 길여는 아무도 몰래 언니 신발 속에 흙덩이를 넣었어요.

언니가 학교에 가려고 신발을 신다가 소리를 질렀어요.

"까악, 이게 뭐야? 길여, 네가 그런 거지?"

"아니야. 왜 나한테 그래?"

길여는 모르는 체 시치미를 뚝 뗐어요. 화가 난 언니가 길여를 째려보며 말했어요.

"너, 아버지한테 다 이를 거야. 아버지!"

언니가 큰 소리로 아버지를 불렀어요. 길여는 언니에게 혀를 쏙

내밀고 달아났어요.

길여는 뒷산으로 올라가 나무 뒤에 숨었어요.

'아무도 내 맘을 몰라. 언니도 밉고 아버지도 미워! 나도 아버지랑 손잡고 놀러 가고 싶단 말이야.'

길여는 그 자리에서 깜빡 잠이 들었어요. 눈을 떠 보니 어머니 무릎을 베고 누워 있었어요.

"어머니!"

어머니가 따뜻한 손길로 길여의 머리를 쓰다듬으며 말했어요.

"한숨 자고 나니까 기분이 좀 나아졌니?"

길여는 아무 말도 하지 않았어요.

"길여야, 아침에 네가 한 일은 잘못한 거야. 아무리 억울하고 미워도 다른 사람에게 그런 행동을 해서는 안 되는 거야. 알겠니?"

어머니는 다정한 목소리로 길여를 타일렀어요. 길여는 어머니 말에 고개를 끄덕였어요. 그리고 다시는 나쁜 짓을 하지 않겠다고 마음먹었어요.

물꼬를 트는 아이

　　　　　　언니가 학교에 가고 나면 길여는 집에서 혼자 놀아야 했어요. 가끔 언니와 툭탁툭탁 싸우기도 했지만, 길여는 언니랑 노는 게 제일 좋았어요.

"어머니, 심심해요. 나도 학교에 가고 싶어요."

"길여야, 넌 아직 어려서 학교엔 못 가. 엄마 따라서 밭에나 가자."

길여는 어머니가 밭일을 하러 갈 때마다 졸졸 따라다녔어요. 어머니는 그런 길여가 안쓰러웠어요.

어느 날, 어머니가 지푸라기를 주며 말했어요.

"길여야, 심심하지? 이 짚으로 새끼를 꼬면서 놀고 있으렴."

　길여는 몇 시간 동안 앉아서 서툰 손으로 새끼를 꼬았어요. 그 모습을 본 할머니가 흐뭇한 듯 미소를 지으며 말했어요.
　"어린 게 앉은 자리에서 꼼짝도 하지 않고 제법이네."
　일꾼들이 길여가 얼키설키 꼬아 놓은 새끼줄을 버리려고 하자, 할머니가 말렸어요.
　"놔두게. 어린아이가 힘들게 꼰 새끼줄을 버리지 말고, 가져다 짚신이라도 만들도록 해."
　그때 갑자기 비가 쏟아졌어요. 할머니가 일꾼들을 다그쳤어요.
　"어이쿠! 비가 오네. 어서 물꼬를 만들지 않고 뭣들 하는 거야! 꾸물대다가 힘들게 지은 농사를 다 망쳐 버린다고!"
　할머니의 호통에 일꾼들이 논으로 달려가 삽으로 흙을 파내기

시작했어요. 그 모습을 지켜보던 길여가 어머니에게 물었어요.

"어머니, 비 오는데 뭐 하는 거예요?"

"논두렁에 물꼬를 트는 거야."

"물꼬가 뭔데요?"

"논에 물이 넘나들도록 만들어 놓는 좁은 길이야. 물꼬를 트지 않으면 물이 넘쳐서 논이 엉망이 되거든. 우린 어서 들어가자."

길여는 집으로 가면서도 자꾸만 고개를 돌려 물꼬를 트는 일꾼들을 바라보았어요.

몇 달 뒤 길여가 논두렁을 지나갈 때였어요. 갑자기 시커먼 비구름이 하늘을 온통 뒤덮더니 곧 비가 세차게 쏟아졌어요. 순식간에 논에 물이 고이더니 찰랑찰랑 차올랐어요.

"참, 물꼬! 비가 오면 물꼬를 터야 한다고 했잖아."

하지만 주위를 둘러봐도 아무도 보이지 않았어요. 길여는 급한 마음에 논으로 뛰어 들어가 작은 손으로 열심히 흙을 파냈어요.

얼마 지나지 않아 할머니와 엄마가 일꾼들과 함께 논으로 나왔어요. 할머니는 흙투성이가 된 길여를 보고는 깜짝 놀랐어요.

"길여야, 도대체 너 여기서 뭐 하는 거냐?"

길여는 비에 젖은 몸을 달달 떨면서 대답했어요.

"물꼬를 트고 있었어요."

"뭐라고?"

할머니는 온몸이 흙투성이인 채로 물에 빠진 생쥐 꼴을 하고 있는 길여를 더 이상 야단칠 수가 없었어요.

'어린 게 보통이 아니야. 이 녀석은 분명히 큰 인물이 되겠어!'

그 뒤로 할머니가 길여를 보는 눈길이 많이 달라졌어요. 말투도 여느 때보다 부드러워졌어요. 어느새 할머니는 길여와 이야기 나누는 것을 좋아했어요. 아궁이에 군불을 넣거나 소죽을 끓일 때면 어김없이 길여를 불렀어요.

"길여야, 얼른 나오너라."

길여는 할머니 옆에 쭈그리고 앉아서 소죽이 다 끓을 때까지 쉬지 않고 재잘거렸어요. 어머니는 그런 길여와 할머니를 보자 마음이 놓였어요. 일곱 살이 되자 길여는 말문이 확 트였어요. 이제는 할머니 앞에서도 주눅이 들지 않았고, 오히려 마을에서 말 잘하는 아이가 되었어요.

의사가 될 거야

어느 날, 누더기 옷을 입은 한 사람이 길여네 집 문을 두드렸어요.

"한 푼만 줍쇼."

할머니가 어머니에게 말했어요.

"애야, 얼른 음식을 내오너라."

어머니는 손님을 대접할 때처럼 개다리소반에 밥과 반찬, 국까지 차려왔어요.

"얼른 뜨끈한 국에 밥 한 술 말아서 먹어요. 추울 텐데 몸도 좀 녹이세요."

어머니는 따뜻한 말도 잊지 않았어요. 길여는 그런 어머니와 할머니를 이해할 수 없었어요. 할머니에게는 왠지 서운한 마음마저 들었어요.

"할머니, 저한테는 맨날 구박만 하면서 더러운 거지한테는 왜 그렇게 친절하세요?"

할머니는 길여의 머리를 한 대 쥐어박았어요.

"어린 게 따지는 것도 많구나. 길여야, 아무리 거지라도 내 집에 찾아온 사람을 홀대해서는 안 된단다. 콩 한 쪽이라도 나눠 먹어야지. 어려운 처지에 있는 사람들을 도와줄 줄 알아야 훌륭한 사람이 되는 거란다."

길여는 할머니 말을 가슴 깊이 새겼어요.

길여네 집 앞에는 시시때때로 동냥을 받으러 온 사람들이 드나들었어요. 그때마다 할머니와 어머니는 반가운 손님이 온 것처럼 정성스럽게 대접했어요.

어머니는 길여와 언니에게 이렇게 말했어요.

"얘들아, 할머니가 보기에는 무뚝뚝하고 때로는 엄하기도 하지만 속마음은 매우 따뜻한 분이란다. 할머니는 어려운 사람들을 보면 안타까워하고 무엇이든 아끼지 않고 베풀지. 너희들도 할머니처럼 늘 이웃을 돌보는 사람이 되어야 해."

할머니는 추운 겨울이 되면 입고 있던 두루마기를 벗어 추위에 떠는 거지들에게 주기도 했어요. 일꾼들에게도 곡식을 풍족하게 나눠 주고 살뜰하게 챙겨 주었어요.

설날이나 추석 같은 명절 때에는 온 동네 사람들이 나누어 먹을 수 있도록 맛있는 음식을 푸짐하게 만들었어요. 길여는 할머니와 어머니에게 나누는 즐거움과 보람을 배울 수 있었어요.

뙤약볕이 뜨거운 여름날이었어요. 길여는 아이들과 함께 냇가에서 텀벙텀벙 물놀이를 하며 놀고 있었어요. 그런데 며칠째 친한 친구 분이가 보이지 않았어요.

"얘들아, 혹시 분이 본 사람 있어?"

아이들은 다들 고개를 저었어요.

"우리 분이네 집에 한번 가 보자."

"그래."

아이들이 일어나서 젖은 옷을 털고 있을 때였어요.

한 아이가 숨을 헐떡거리며 뛰어왔어요.

"얘들아, 분이가 죽었대. 분이가 죽었다고!"

길여가 화들짝 놀라서 물었어요.

"뭐? 누가 죽었다고?"

"분이 말이야. 감나무 집 분이!"

길여는 그 자리에 털썩 주저앉고 말았어요.

"분이가 갑자기 왜 죽어? 말도 안 돼! 너 거짓말하면 가만 안 둘 거야!"

길여는 제발 거짓말이기를 간절히 바랐어요. 길여는 친구들과 함께 분이네 집으로 달려갔어요. 분이네 집 앞에는 마을 사람들이 모여서 웅성대고 있었어요.

"에구, 어린 게 무슨 죄가 있다고. 죄가 있다면 시골에서 가난하게 태어난 게 죄지! 병원에서 주사 한 대만 맞았어도 이렇게 허무하게 죽지 않았을 텐데."

"이런 시골에 병원이 어디 있어? 의사 한번 만나기도 힘든데."

길여와 아이들이 분이를 소리쳐 부르며 문 앞으로 갔어요.

"분이야!"

어른들이 아이들을 들어가지 못하게 막아섰어요.

"장티푸스인지 뭔지 전염병이라는구나. 너희들은 어서 집으로 가라!"

길여는 눈물을 뚝뚝 흘리면서 어른들에게 매달렸어요.

"아저씨, 분이는 제 친구예요. 친구한테 인사만 할게요. 제발 들어가게 해 주세요."

"안 된다! 너희들도 큰 병에 걸리고 싶은 게냐? 저리 가라."

결국 길여는 죽은 분이의 얼굴도 보지 못하고 집으로 왔어요. 길여는 방에 들어와 이불을 뒤집어쓰고 엉엉 소리 내어 울었어요. 하루 종일 밥도 먹지 않고 방에서 꼼짝도 하지 않았어요.

어머니는 분이가 따뜻하고 좋은 곳으로 갔을 거라며 길여를 위로해 주었어요.

다음 날, 길여는 친구들과 함께 분이네 집 앞을 다시 찾아갔어요. 길여는 아직도 분이가 죽었다는 걸 믿을 수가 없었어요. 지금이라도 이름을 부르면 문을 열고 나올 것 같았어요. 길여는 조그맣게 분이를 불러 보았어요.

"분이야, 분이야."

하지만 굳게 닫힌 문은 열리지 않았어요. 마을 어른들은 아이들에게 분이가 뒷산에 묻혔다고 말해 주었어요. 길여와 친구들은 뒷산으로 올라갔어요. 작고 동그란 무덤이 친구들을 맞았어요. 길여와 친구들은 무덤을 부둥켜안고 엉엉 울었어요.

"분이야, 땅속에서 얼마나 외롭고 무섭니?"

"분이야, 이제 아프지는 않니?"

"우리 마을에 병원만 있었어도 분이가 죽지 않았을 텐데."

길여는 꼭 의사가 되겠다고 마음먹었어요.

"분이야, 내가 커서 꼭 의사가 될게. 의사가 되어서 아픈 사람들을 꼭 고쳐 줄 거야."
길여는 눈물을 흘리며 두 주먹을 불끈 쥐었어요.

급장이 되고 싶어

어느새 푸릇푸릇한 봄이 왔어요. 3월이 되자 길여는 대야보통학교(초등학교)에 들어갔어요. 길여는 담임 선생님과 새 친구들을 만날 생각에 마음이 설레었어요. 담임 선생님은 머리가 벗겨진 남자였는데, 무뚝뚝하고 무서운 성격이었어요. 수업 첫날, 선생님은 예쁘게 차려 입은 여자아이를 급장으로 뽑았어요.

"오늘부터 아영이가 우리 반 급장이다. 모두들 급장 말을 잘 따르도록!"

아이들은 선생님의 일방적인 결정에 아무도 반대하지 않았어요.

길여도 조금 부럽기는 했지만 별로 신경 쓰지는 않았어요. 그런데 시간이 갈수록 이해하기 힘든 일들이 생겼어요.

선생님은 언제나 아영이만 특별하게 대했어요. 다른 아이들한테는 웃는 일도 없이 뻣뻣하기만 했지만, 아영이에게는 달랐어요. 말투부터 아주 친절하고 부드러웠지요. 어떨 때는 아영이한테 절절매는 것처럼 보이기까지 했어요. 수업 시간에는 언제나 아영이만 발표를 시켰고, 힘들고 어려운 일을 할 때면 아영이는 언제나 빼 주었어요.

어느 날 운동장에서 조회를 할 때였어요.

"모두들 앞으로 나란히. 똑바로 줄 서!"

선생님이 명령하자, 아이들은 두 팔을 내밀었어요. 하지만 아영이는 맨 앞에 가만히 서있었어요. 길여는 아영이가 영 못마땅해서 투덜댔어요.

"쟤는 왜 맨날 앞자리인 거야?"

"길여야, 너 몰라? 쟤는 우리 마을에서 높은 사람 딸이라잖아. 그래서 선생님도 함부로 건드리지 못하는 거래."

옆에 있던 아이가 속삭였어요.

길여는 그런 이유로 아영이가 특별한 대우를 받는다는 걸 이해할 수 없었어요.

"그럼 아영이가 높은 사람 딸이라서 급장이 된 거였어?"

"그렇다니까. 학교에 소문이 다 났는걸. 아영이 쟨 청소도 하지 않잖아."

"쳇, 그런 법이 어디 있어?"

길여는 당장이라도 선생님에게 달려가 따지고 싶었지만, 어차피 아무 소용없다는 걸 알고 있었어요.

길여 눈에도 아영이는 다른 아이들과 달라 보였어요. 대부분 아이들은 검정 고무신에 낡고 꼬질꼬질한 옷을 입고 있었어요. 아영이는 언제나 예쁜 치마와 블라우스를 입었고 반짝이는 구두를 신었어요. 하지만 길여는 단지 아버지가 높은 사람이고 부자라는 이유로 특별한 대우를 받는 것은 옳지 않다고 생각했어요. 길여는 주먹을 불끈 쥐고 굳게 마음먹었어요.

'2학기 때는 반드시 내가 급장이 되고 말 거야!'

그 뒤로 길여는 열심히 공부했어요. 또 공부를 어려워하는 친구들에게 친절하게 가르쳐 주기도 했어요.

"길여가 설명하면 귀에 쏙쏙 들어오는 것 같아."

"맞아. 꼬마 선생님 같다니까."

길여는 공부뿐 아니라 무엇이든 열심히 했어요. 청소 시간에도 열심히 청소를 했고, 친구들과도 친하게 지냈어요.

드디어 2학기 급장을 뽑는 날이었어요. 담임 선생님은 또다시 아영이에게 급장을 시키려고 했어요. 그때 한 아이가 손을 번쩍 들더니 말했어요.

"우리 반 급장으로 이길여를 추천합니다!"

그러자 여기저기서 아이들이 찬성이라며 소리쳤어요. 길여와 아영이, 후보가 두 명이 되자 어쩔 수 없이 투표를 해서 급장을 뽑게 되었어요. 투표 결과, 길여가 2학기 급장으로 당당히 뽑혔어요. 길여는 급장이 된 뒤에 친구들과 더욱 친하게 지냈어요. 아영이와도 잘 어울리려고 애를 썼어요.

어느 날, 아영이가 길여에게 물었어요.

"길여야, 넌 내가 싫지 않니?"

"널 왜 싫어해? 너야말로 급장을 뺏겨서 내가 밉지 않아?"

"아니. 난 처음부터 급장은 하고 싶지 않았어. 다른 아이들처럼 평범하게 지내고 싶었어."

길여는 잠깐 동안 아영이를 미워했던 것을 후회했어요. 이후 둘은 친한 친구가 되어 사이좋게 지냈어요.

어느새 일 년이 지나고 성적표를 받았어요. 길여는 일등을 했어요. 어머니는 할머니에게 자랑스럽게 말했어요.

"어머니, 우리 길여가 일등을 했네요. 일등이요!"

"너무 유난떨지 마라. 어쩌다 한 번 재수가 좋아 그럴 수도 있으니 말이야."

할머니는 감정을 좀처럼 겉으로 드러내지 않았어요. 길여는 할머니께도 잘했다는 칭찬을 받고 싶었어요. 길여는 2학년이 되어서도 한번도 일등을 놓치지 않았어요. 그동안 말없이 지켜만 보던 아버지가 할머니에게 말했어요.

"어머니, 길여가 아무래도 뭔가 다르긴 한 것 같아요. 길여가 큰 사람이 되어서 앞으로 우리 집안에 든든한 기둥이 되겠어요."

아버지는 길여를 기특하게 여겼어요.

"말도 제대로 못하던 아이가 급장도 하고 일등도 하고 제법이긴 하구나. 그렇다고 일등 몇 번 한 걸로 흥분하지 마라. 사내 녀석도 아니고 계집아이가 집안에 무슨 도움이 되겠냐. 그러니까 고추 하나 달고 나왔으면 얼마나 좋았을까, 쯧!"

길여는 아직도 아들 타령인 할머니가 야속했어요. 그럴수록 더 열심히 해서 할머니에게 여자도 할 수 있다는 걸 보여 주고 싶은 마음이 들었어요.

우리 마을
꼬마 의사 선생님

　　　　　　따뜻한 봄날, 아이들은 예방주사를 맞기 위해 학교 복도에 길게 줄을 서있었어요. 그때 보건 선생님이 아이들 사이를 지나갔어요. 선생님은 눈처럼 하얀 가운을 입고 있었는데, 왼쪽 주머니 위에 이영춘이라는 이름이 새겨져 있었어요. 선생님이 걸어가자 머리에 쓴 반사경이 햇빛을 받아 반짝였어요. 길여는 그 모습이 정말 멋있어 보였어요.

　이영춘 선생님은 아이들에게 예방주사를 왜 맞아야 하는지 설명해 주었어요.

　"예방주사를 맞지 않으면 병에 걸려 목숨이 위험해질 수도 있어

요. 예방주사는 아프지 않아요. 잠깐 따끔하고 마니까 걱정하지 마세요."

길여는 죽은 분이의 얼굴이 떠올랐어요.

'분이도 예방주사만 맞았어도 죽지 않았을 텐데······.'

몇몇 아이들은 주사라는 말만 듣고도 겁에 질려 울기도 했어요. 주사를 맞지 않겠다고 도망가는 아이들도 있었어요. 이영춘 선생님은 화를 내는 대신에 한 명씩 붙잡고 친절하게 설명해 주었어요. 길여는 선생님의 다정한 말투가 좋았어요. 나중에 커서 의사가 되면 이영춘 선생님처럼 환자에게 다정하고 친절한 의사가 되겠다고 생각했어요.

드디어 길여 차례가 되었어요.

길여는 주삿바늘이 무서웠지만 겁쟁이는 되고 싶지 않았어요. 그래서 눈도 감지 않고 용기 있게 주사를 맞았어요.

"아주 씩씩하게 잘했다!"

이영춘 선생님이 칭찬해 주었어요.

길여는 선생님의 칭찬을 듣자, 기분이 좋았어요.

길여는 의사가 된 자신의 모습을 떠올려 보았어요.

하얀 가운을 입고 마법사처럼 아픈 환자들을 고쳐 주는 모습을 상상하는 것만으로도 가슴이 두근두근 뛰었어요.

집으로 돌아가는 길이었어요. 개울가 근처에서 아이들이 옹기종기 모여 있었어요. 길여는 궁금한 마음에 아이들이 있는 곳으로 달려가 보았어요. 아이들은 다리를 다친 강아지 한 마리를 막대기로 쿡쿡 쑤시면서 장난을 치고 있었어요. 한 아이가 강아지를 향해 돌을 던지자 강아지가 깨갱 하면서 몸을 움츠렸어요. 아이들은 재미있다는 듯이 깔깔대고 웃었어요.

"야, 너희들 지금 뭐하는 거야?"

길여는 아이들에게 꽥 소리를 질렀어요. 그러고는 아이들을 밀쳐 내고 강아지를 조심스럽게 안았어요. 겁을 잔뜩 먹은 강아지는 길여에게 안겨서 부들부들 떨고 있었어요.

길여는 정말 화가 났어요.

"너희들, 이러다가 강아지가 죽기라도 하면 어쩌려고 그래?"

그때 남자아이가 아무렇지 않다는 듯 내뱉었어요.

"뭐 어때서? 그나마 잡아먹지 않았으니 다행이지."

그 말에 다른 아이들이 낄낄거리며 웃었어요.

"그래? 그럼 너한테도 돌멩이를 던지고 막대기로 쿡쿡 쑤시고 괴롭혀 줄까? 너도 한번 당해 볼 거냐고?"

길여는 바닥에 떨어진 돌멩이를 주우며 말했어요. 그러자 남자아이는 흠칫 놀라더니 뒷걸음질하며 달아났어요. 길여는 강아지를 안고 집으로 돌아왔어요. 할머니가 길여를 보고 못마땅한 표정으로 말했어요.

"웬 강아지냐?"

"강아지가 많이 다쳤어요. 제가 보살펴 주려고요."

"뭐야? 네가 의사라도 된단 말이냐? 분명히 누가 버린 강아지인 것 같은데, 어디가 병들었는지도 모르니 얼른 갖다 버려라."

"싫어요. 할머니랑 어머니가 그랬잖아요. 불쌍한 사람을 보면 모른 척하지 말고 보살펴 줘야 한다고요. 강아지도 살아 있는 동물이잖아. 지금 버리면 이 강아지는 죽을지도 몰라요."

할머니는 길여의 말이 옳다는 걸 알았어요. 게다가 길여가 한번 고집을 부리면 말릴 수 없었지요. 길여는 강아지의 다친 다리에 붕

대도 감아 주고 밥도 주면서 정성스럽게 보살폈어요.

할머니가 혀를 끌끌 차며 말했어요.

"강아지가 네 동생이라도 되냐? 어차피 오래 살지도 못할 것 같은데, 그만하고 얼른 갖다 버려라."

"제가 낫게 해 줄 거예요. 절대 죽지 않을 거라고요."

길여는 강아지를 더욱 정성스럽게 보살폈어요. 어머니를 졸라 포대기를 만들어서 강아지를 업고 다니기까지 했어요.

"길여야, 강아지가 더울 것 같구나. 너무 감싸도 강아지가 힘들어 한단다."

조용히 지켜보던 어머니가 한마디 했어요. 길여의 정성으로 강아지는 조금씩 좋아졌어요. 가족들도 강아지를 쓰다듬어 주고 예뻐했어요. 할머니는 기특하다는 듯이 말했어요.

"길여가 목숨 귀한 줄을 아는구나. 다

죽어가는 강아지를 살린 걸 보니 좋은 의사가 되겠어."

어머니는 할머니가 길여를 칭찬할 때면 마음이 뿌듯했어요. 그러던 어느 날, 강아지가 밥을 먹지 않더니 시름시름 앓았어요. 길여는 잠도 자지 않고 강아지 곁을 지키며 보살폈어요. 하지만 얼마 지나지 않아 결국 강아지가 죽고 말았어요.

길여는 마치 친동생을 잃은 것처럼 마음이 아팠어요. 하루 종일 강아지를 부둥켜안고 엉엉 울었어요.

길여는 언니와 함께 뒷산에 강아지를 묻어 주었어요.

"언니, 강아지한테 약도 더 잘 발라 주고 맛있는 것도 더 많이 줄 걸 그랬어."

길여는 강아지를 지키지 못했다는 생각에 자꾸만 미안한 생각이 들었어요. 그 뒤로 길여는 버려지거나 다친 동물들을 보면 그냥 지나치지 않고 보살펴 주었어요. 한번은 길여가 집에서 몰래 먹을 것을 가지고 나가다가 할머니에게 들키고 말았어요.

"길여야, 너 도둑고양이마냥 뭘 가져가는 거냐?"

"할머니 죄송해요. 저 금방 다녀올게요."

길여는 먹을 것을 뒤로 숨기고 잽싸게 도망쳤어요.

"사람 먹을 것도 없는데, 매번 동물들 준다고 먹을 것을 가져가네."

할머니는 길여를 야단치다가도 가끔은 모르는 척 눈감아 주기도 했어요.

어느 날 길여가 언니와 함께 다리가 부러져서 날지 못하는 참새에게 빨간약을 발라 주고 있었어요.

"길여야, 조심해! 빨간약이 네 옷에 묻었어."

언니가 소리쳤어요.

길여의 흰 옷에 빨간약이 묻어 버렸어요.

"으악, 어떡해!"

"새 옷인데……, 어머니한테 혼나겠다."

"어머니한테 잘못했다고 해야지. 그런데 언니, 빨간색이 꼭 예쁜 꽃무늬처럼 보이지 않아?"

길여는 언니와 마주 보고 한참 동안 웃었어요.

한번은 고양이 다리에 감아 준 붕대가 엉키는 바람에 푸느라고 애를 먹은 일도 있었어요. 길여는 동물들을 돌보는 일이 힘들기 보다는 즐겁고 보람찼어요. 어느새 친구들도 다친 동물들이 있으면 길여에게 제일 먼저 데리고 왔어요.

길여의 집은 마치 동물병원처럼 아픈 동물들로 가득 찼어요. 할머니의 잔소리와 꾸중이 끊이질 않았지만, 언니와 어머니가 길여의 편이 되어 주었어요. 특히 언니는 길여와 함께 정성껏 동물들을 돌봐 주었어요.

　언제부터인가 아프거나 다친 친구들도 길여를 찾아왔어요. 놀다가 무릎이 까인 아이, 팔에 상처가 난 아이도 길여를 찾아왔어요.

"길여야, 돌부리에 걸려서 넘어졌어."

　길여는 친구들의 상처를 깨끗하게 씻어 주고, 헝겊을 찢어 상처를 동여매 주기도 했어요. 할 수 있는 한 최선을 다해 약을 발라 주고 보살펴 주었어요. 어느새 길여는 마을에서 '꼬마 의사'로 통했어요.

"길여가 우리 동네 꼬마 의사 선생님이네."

"나중에 꼭 훌륭한 의사가 되렴."

　마을 어른들도 칭찬해 주었어요. 길여는 소꿉놀이나 인형 놀이 대신 의사 놀이를 했어요. 길여의 마음속에는 의사의 꿈이 점점 더 커져 갔어요.

학교 가는 길은 힘들어

 길여가 학교에 다니면서 가장 좋아했던 건 바로 책을 읽는 것이었어요. 새 교과서를 받는 날이면 집에 와서 그날로 몽땅 읽어버리기도 했어요. 저녁이 되면 어두컴컴한 호롱불 아래에서 책을 보았어요. 길여는 늦게까지 책을 읽고 싶을 때마다 전깃불이 들어오는 방앗간으로 달려갔어요.
 어느 날 방앗간에서 책을 읽고 있는데, 하늘에서 요란한 소리가 나더니 갑자기 천둥이 쳤어요.
 우르르 쾅쾅!
 길여는 밖으로 나가서 비 오는 걸 구경했어요. 그때 어머니가 길여를 찾아 방앗간으로 왔어요.

"길여야, 천둥이 치는데 왜 밖에 나와 있니? 무섭지도 않았어?"

"어머니, 저는 천둥소리와 비 오는 소리가 좋은걸요."

길여는 언제나 밝고 긍정적인 아이였어요.

다음 날 아침, 비가 그치고 살랑살랑 바람이 불었어요. 길여는 친구들에게 바람개비를 만들어 주었어요.

"얘들아, 바람개비를 돌리면서 달리자."

길여와 친구들은 바람개비를 돌리면서 학교까지 힘차게 달려갔어요.

바람개비는 바람을 맞아 팽글팽글 잘도 돌았어요. 길여는 하루 종일 바람개비를 돌리며 놀았어요. 어머니가 길여에게 다정하게 물었어요.

"길여야, 바람개비가 왜 그렇게 좋은 거냐?"

"어머니, 저는 바람개비처럼 바람을 맞으면서 앞을 향해 달릴 때면 정말 신나요."

"길여야, 앞으로 살다 보면 수많은 어려움을 겪게 될 거란다. 그때마다 바람개비처럼 씩씩하게 잘 견뎌 내거라. 잘 할 수 있지?"

어머니의 말에 길여는 고개를 끄덕였어요. 길여는 책을 읽고 공부하는 게 즐거웠어요. 하지만 여자가 공부를 계속하는 일이 쉽지

않다는 걸 잘 알고 있었어요. 길여는 바람개비가 돌듯 학교에서도 집에서도 쉬지 않고 공부를 했어요.

그리고 보통학교를 졸업할 때까지 한 번도 일등을 놓치지 않았어요. 친척들과 마을 사람들은 길여를 만날 때면 이렇게 물었어요.

"너는 나중에 커서 무엇이 되고 싶으냐?"

그럴 때마다 길여의 대답은 늘 같았어요.

"전 이영춘 선생님 같은 훌륭한 의사가 될 거예요. 병든 사람들을 고쳐 주고 싶어요."

1946년, 광복이 되었지만 기쁨도 잠시 뿐 세상은 여전히 어수선했어요. 길여네 집은 점점 형편이 어려워졌어요. 길여는 중학교 입학을 앞두고 있었어요. 할머니는 길여가 중학교에 입학하는 것을 못마땅하게 여겼어요.

"식구들 먹고 살 것도 없는데 공부는 무슨 공부냐! 보통학교 졸업했으면 됐지, 중학교까지 가서 뭘 더 배우겠다는 거냐? 여자가 많이 배우면 팔자만 사나워지는 게야. 그러니까 중학교에 보낼 생각은 하지도 마라!"

할머니는 어머니를 향해 잔소리를 퍼부었어요.

그때 농촌에서 여자를 중학교에 보내는 일은 매우 드문 일이었어요. 언제나 묵묵히 지켜보던 아버지도 어머니를 설득했어요.

"여자가 집에서 살림이나 배우고 시집을 잘 가면 그만이지 않겠소? 길여는 똑똑하고 야무져서 그만큼만 배워도 충분하니까 중학교 보내는 건 포기합시다."

길여도 혹시라도 중학교에 못 가게 될까 봐 불안한 마음에 잠도 제대로 자지 못했어요. 이대로 공부를 그만두면 의사가 될 수 없을 것 같아 걱정이 되었어요. 다행히 어머니는 길여의 편이 되어 주었어요.

"등록금 걱정은 하지 마세요. 제가 머리카락을 잘라서라도 돈을 마련하겠어요. 공부가 하고 싶다는 아이를 이런 시골에서 살림만 하라고 할 수는 없어요. 아무리 어머님이 말리셔도 저는 길여를 중학교에 꼭 보내겠어요."

어머니는 길여를 공부시키는 일만큼은 절대로 뜻을 굽히지 않았어요. 아버지는 화가 나서 말했어요.

"당신, 어머니 앞에서 무슨 말을 그렇게 하는 거요?"

"아범아, 어미가 똑똑한 딸자식 공부 시키고 싶어서 정신이 돌았나 보구나. 그냥 둬야지 안 되겠구먼."

할머니도 아버지도 더 이상 어머니를 말릴 수가 없었어요. 어머니 덕분에 길여는 무사히 중학교에 들어갈 수 있었어요. 어머니는 길여를 안심시키며 힘이 되어 주었어요.

"길여야, 걱정 마라. 내가 장사를 해서라도 너를 학교에 보내 줄 거야. 대학도 보내고 유학도 보내고 원하는 만큼 공부를 하게 해 줄 테니 넌 다른 데 신경 쓰지 말고 공부만 열심히 해라. 네가 여자도 할 수 있다는 걸 보여 주렴."

"어머니, 감사해요. 열심히 해서 꼭 좋은 의사가 될 게요."

길여는 어머니를 생각해서라도 허투루 시간을 보낼 수 없었어요. 하지만 시골에서 중학교를 다니는 일은 결코 쉬운 일이 아니었어요. 길여는 익산에 있는 이리공립여자중학교에 입학했어요. 길여는 학교에 가기 위해서 40분이 넘게 걸어서 임피역까지 가야했어요. 길여는 매일 새벽마다 어두컴컴한 길을 걸었어요. 아무도 없는 길을 혼자 걷다 보면 무서운 생각이 들기도 했어요. 그럴 때면 노래를 부르며 걸음을 재촉했어요.

기차역 대합실 가운데에는 둥글고 큰 괘종시계가 걸려 있었어요. 길여는 큰바늘과 작은바늘이 돌아가는 걸 보면 왠지 새로운 기운이 솟는 것 같았어요.

시계 앞에는 기다란 나무 의자가 놓여 있었어요. 길여는 여름이면 나무 의자에 앉아 흐르는 땀을 닦으며 기차를 기다렸어요. 겨울에는 커다란 보따리를 짊어진 사람들과 함께 따뜻한 석탄 난로 앞에 모여 있었어요.

기차를 타면 임피역에서 익산까지 한 시간 정도 걸렸어요. 기차를 타고 가는 시간은 길여에게 매우 소중한 시간이었어요. 길여는 책을 읽기도 했고, 피곤한 몸을 창에 기대어 잠시 눈을 붙이기도 했어요.

수업이 끝나고 집으로 오는 길은 더욱 어려웠어요. 기차는 하루에 두 번 밖에 다니지 않았고, 그나마도 제시간에 도착하는 일이 드물었어요.

"얘들아, 오늘은 5시 기차가 10시가 넘어서야 온대."

"아휴, 뭐야! 그때까지 어떻게 기다려."

아이들이 불만을 터뜨리며 웅성거렸어요. 길여는 조용히 운동장 뒤에 있는 비밀 장소로 갔어요. 그리고 키 작은 소나무 아래 누워 솔향기를 맡으며 책을 읽었어요.

가끔 기차가 고장이 나면 밤 12시까지 오지 않을 때도 있었어요. 그럴 때면 길여는 친구들과 함께 임피역까지 걸어와야 했어요. 멀고 힘든 길이었지만, 친구들과 올 때는 그나마 의지가 되었어요. 하지만 임피역에서 집까지는 혼자 걸어가야 했어요. 아무도 없는 밤길을 혼자 걸어갈 때는 무섭고 겁이 나서 눈을 질끈 감고 전속력으로 달렸어요. 집 근처에 도착하면 그제야 겨우 안심이 되었어요.

'이렇게 힘들 바엔 차라리 학교를 그만둘까?'

길여는 공부를 포기하고 싶을 때도 있었어요. 그러다가 큰길가에서 마중 나온 어머니를 만나면 왈칵 눈물이 나왔어요. 길여는 어머니를 보자마자 달려가 품에 안겨 울음을 터뜨렸어요.

"어머니!"

"길여야, 학교 다니기 힘들지?"

길여는 아무리 힘들어도 어머니의 따뜻한 말 한마디만 들으면 거뜬히 이겨 낼 수 있었어요.

어느 날, 길여가 밥상 앞에서 밥은 먹지 않고 계속 어머니 눈치를 살폈어요.

어머니가 무슨 일인지 묻자, 길여가 어렵게 말을 꺼냈어요.

"어머니, 학교 앞에서 자취를 하면 시간 낭비를 하지 않을 수 있을 것 같아요."

"자취를 하고 싶다고?"

어머니는 잠시 고민하더니 그 방법도 나쁘지 않다고 생각했어요. 하지만 할머니는 크게 화를 냈어요.

"뭐라고? 다 큰 여자애가 자취를 하겠다고? 세상 무서운 줄 모르는구나. 절대 안 된다. 그렇게 할 거면 당장 학교고 뭐고 그만두고 집에서 살림이나 하다가 시집이나 가라!"

어머니도 그때만큼은 할머니에게 아무 말도 할 수가 없었어요.

길여는 할머니가 학교를 그만두라고 할 때마다 서러움이 복받쳤어요. 어머니는 길여를 안타까운 눈으로 바라보았어요. 길여는 어머니를 생각하면서 힘들어도 견뎌 냈어요. 바람을 맞으며 힘차게 돌아가는 바람개비처럼 말이에요.

아버지의 죽음

비바람이 세차게 부는 어느 겨울날이었어요.

아버지가 서른다섯이라는 젊은 나이에 급성 폐렴으로 두 눈을 감았어요. 길여는 하늘이 무너져 내리는 것 같은 슬픔을 느꼈어요. 그동안 감기 한번 걸리지 않고 건강했던 아버지가 죽었다는 사실을 좀처럼 믿을 수가 없었어요.

아버지는 읍내에서 열린 씨름 대회에서 우승을 하고 쌀 한 가마니를 타 올 정도로 힘도 좋았어요. 그런 아버지가 감기 기운으로 누운 지 닷새 만에 하늘나라로 갔어요. 가족들은 모두 큰 충격을 받았어요.

"아이고! 아범이 이렇게 허무하게 갈 줄 누가 알았냐! 건강하기만 했던 사람이었는데. 이제 아범도 없이 우리끼리 어떻게 살아야 한단 말이냐."

"큰 병원에서 제대로 된 치료도 받아 보지 못하고……, 가엾어서 어떡해요."

할머니는 며칠 동안 넋이 나간 채 통곡했어요. 어머니는 슬픔으로 몸을 가눌 수 없을 만큼 힘들었지만, 할머니마저 쓰러지실까 봐 조마조마해하며 버텨야 했어요. 길여와 언니도 아버지의 죽음을 받아들이기가 힘들었어요.

"길여야, 이제 진짜로 아버지를 볼 수 없는 거야? 아니겠지!"

"말도 안 돼. 마을에 병원만 있었어도 아버지가 그렇게 돌아가시지 않았을 거야."

길여는 언니와 함께 아버지의 영정 사진 앞에서 눈물을 펑펑 흘렸어요. 길여는 그동안 학교 다니며 공부하느라 아버지와 함께 제대로 얘기도 나누지 못한 것이 자꾸만 후회되었어요. 길여는 두 손 모아 빌었어요.

"아버지 죄송해요. 그리고…… 사랑해요. 부디 하늘나라에서 행복하세요."

아버지가 죽고 나자, 할머니는 길여만 보면 학교를 그만두라고 다그쳤어요.

"애비도 죽고 없는데 계집애가 무슨 공부냐? 집안일 할 사람도 부족한데 당장 그만둬라."

하지만 의사가 되겠다는 길여의 결심은 더욱 커졌어요.

"할머니, 제가 반드시 훌륭한 의사가 되어서 사람들이 아버지처럼 허무하게 죽는 일이 없도록 할게요. 두고 보세요!"

길여는 더 이상 물러날 곳이 없었어요. 홀로 된 어머니를 생각하면서 더욱더 열심히 공부를 했어요.

길여는 중학생이 되어서도 언제나 일등을 놓치지 않았어요. 어머니는 길여가 자만심을 갖지 않도록 틈날 때마다 가르쳐 주었어요.

"길여야, 공부 좀 잘한다고 잘난 척하고 다른 사람을 무시해서는 안 된단다. 언제나 겸손하고 너보다 어려운 친구들이 있으면 도와주며 살아야 한다."

"네, 어머니. 걱정 마세요."

방학이 되면 길여는 친구들을 데리고 집으로 왔어요. 어머니는 길여와 친구들을 위해 개떡도 만들어 주고 다정하게 이야기도 해 주었어요.

"얘들아, 배우는 데는 남자와 여자가 따로 없단다. 여자들도 부지

런히 배우면 뭐든지 할 수 있단다. 너희들이 참 대견하구나!"

친구들은 길여를 부러워했어요.

"길여야, 넌 좋겠다. 어머니랑 통하는 게 많은 것 같아."

"응, 나도 나중에 우리 어머니처럼 되고 싶어."

길여는 어머니가 늘 자랑스러웠어요. 어머니를 보면 힘이 절로 나는 것 같았어요.

어느 날, 청소 시간에 길여는 바닥을 닦으려고 교탁을 들어 올렸다가 이상한 뚜껑 하나를 보았어요.

길여는 아이들이 모두 집에 가기를 기다렸어요. 교실에 혼자 남자, 조심스럽게 교탁을 밀치고 뚜껑을 열어보았어요. 그곳에는 한 사람이 겨우 들어갈 만한 공간이 있었어요. 안에 들어가서 앉아 보니 희미하게 불빛이 들어와서 어둡지도 않았어요. 길여는 그곳을 자기만의 비밀 공부방으로 쓰기로 했어요.

사람의 생명을 구하는 의사가 되기 위해서는 남들보다 훨씬 더 많이 공부를 해야 했어요. 그 결과 길여는 다른 친구들보다 1년이나 빨리 졸업을 할 수 있었어요. 그리고 이리여자공립고등학교에 들어갔어요.

6·25 전쟁이 나자 서울에 있는 경기여자고등학교와 이화여자고등학교 학생들이 이리여자공립고등학교로 피난을 왔어요. 길여는

서울에서 온 친구들과 함께 공부를 했어요. 서울에서 온 여고생들은 겉모습도 말투도 왠지 더 세련되고 똑똑해 보였어요. 하지만 길여는 그런 것들로 기가 죽지는 않았어요. 오히려 서울 최고의 명문 고등학교 학생들과 실력을 겨룰 좋은 기회가 생겼다고 생각했어요.

'열심히 해서 서울 아이들을 멋지게 이겨 보겠어!'

어느 날, 서울에서 온 여고생 몇 명이 길여에게 다가왔어요. 한 아이가 깔보는 태도로 물었어요.

"네가 이 학교에서 공부를 제일 잘한다면서? 시골 학교를 졸업한 뒤에 뭐 할 거라도 있니?"

 길여는 자존심이 상했지만 화를 내지 않고 꾹 참았어요. 오히려 아무렇지 않은 듯 당당하게 말했어요.

 "난 서울대 의대에 가서 의사가 될 거야."

 길여의 대답에 여고생들은 기가 막힌다는 듯이 말했어요.

 "말도 안 돼! 이런 촌구석에서 서울대를 가겠다고? 그것도 의대를?"

 "넌 서울대 의대가 그렇게 만만하게 보이니?"

 여고생들이 깔깔대며 웃었어요.

 길여는 더 이상 대꾸하지 않고 마음속으로 다짐했어요.

 '두고 봐. 내가 서울대 의대를 가는지 못 가는지 두고 보면 알 거 아니야!'

 그 일이 있은 뒤에 길여는 더욱 공부에만 몰두했어요. 시험이 다 가오면 두 눈을 부릅뜨고 잠을 쫓아가며 공부했어요. 길여가 조금도 쉬지 않고 쫓기듯 공부하자, 어머니가 걱정스럽게 물었어요.

 "길여야, 학교에서 무슨 일이 있었니?"

 "어머니, 서울에서 온 아이들을 꼭 이기고 싶어요. 이런 작은 시골에서도 희망을 잃지 않고 공부하면 서울대에 갈 수 있다는 걸 보여 주고 싶어요."

어머니는 길여를 위로해 주었어요.

"길여가 마음이 아팠구나. 그렇다고 그 친구들을 미워하는 마음으로 공부를 해서는 안 될 것 같구나."

"어머니, 그 친구들은 부족한 것 없이 편하게 공부하고 있어요. 그 아이들을 이기려면 더 열심히 공부해야 해요."

"길여야, 사람마다 처한 환경이 모두 똑같을 수는 없어. 경쟁을 하는 건 좋지만, 그것이 목표가 되어서는 안 된단다. 제일 중요한 건 너 자신의 목표를 향해 끈기 있게 노력하는 거야."

길여는 어머니의 뜻을 알 것 같았어요. 그리고 쓸데없는 질투심을 버리고 자기 자신과 경쟁을 하기로 마음먹었어요. 그 해에 길여는 서울대학교 의대 합격 통지서를 받았어요. 합격 소식을 듣자, 길여는 제일 먼저 어머니 얼굴이 떠올랐어요. 길여는 한달음에 집으로 달려와 반가운 소식을 전했어요.

"어머니, 드디어 합격했어요. 서울대 의대에 합격했다고요."

"정말이냐? 길여야, 애썼다. 그동안 수고했어."

길여는 어머니를 부둥켜안고 그동안 참았던 눈물을 마음껏 흘렸어요. 그동안 늘 반대하던 할머니도 무척 기뻐했어요.

"우리 손녀딸 정말 장하구나. 길여 네가 결국 큰일을 해냈구나!"

길여는 꿈꾸던 학교에 갈 수 있다는 생각에 가슴이 벅차올랐어요. 하늘에 계신 아버지 얼굴이 떠오르자 또다시 눈물이 주르륵 흘렀어요.

　길여의 합격 소식은 마을 사람들 모두에게 기쁨이고 자랑이었어요. 이리공립여자고등학교에서도 처음으로 서울대학교 합격생이 나온 것이었지요. 마을 사람들은 진심으로 축하하며 마을 잔치를 열어 주었어요.

꿈꾸던 대학,
위태로운 조국

"길여야, 대학에 갔다고 끝이 아니란다. 진짜 공부는 이제부터 시작인 거지. 학교에 가서도 늘 최선을 다해야 한다. 어려운 의학 공부를 하려면 마음을 단단히 먹고 정신 똑바로 차려야 한다."

어머니는 길여를 서울로 보내면서 단단히 일러두었어요. 할머니도 한마디 거들었어요.

"어른들 없다고 늦게까지 아무 데나 쏘다니지 말고, 항상 몸조심해야 한다."

"네 할머니, 걱정 마세요."

길여는 서울로 와서 꿈에 그리던 대학 생활을 시작했어요. 하지만 전쟁 때문에 입학한 지 얼마 되지 않아서 서울대학교 학생들은 부산으로 내려가 수업을 받게 되었어요.

서울에서 부산까지 왔다 갔다 하며 공부하는 일은 만만치 않았어요. 길여는 부산에 방 한 칸을 구해서 친구들 네 명과 함께 지내기로 했어요. 하지만 방이 너무 작아서 아무리 몸을 웅크려도 네 명이 한꺼번에 잠을 잘 수 없었어요. 하는 수 없이 두 명이 자는 동안 나머지 둘은 앉아서 공부를 하면서 지내야 했어요. 겨우 자리를 잡고 잠을 잘 때에도 몸을 뒤척이며 코를 골아대는 친구들 때문에 잠을 설

치기 일쑤였어요.

학교에서도 제대로 된 수업을 하기가 어려웠어요. 실습 재료가 턱없이 부족해서 해부학 실습 시간에는 장갑도 없이 맨손으로 시체를 만지기도 했어요.

어떤 여학생들은 구토를 하면서 밖으로 뛰쳐나가기도 했어요. 어떨 때는 시간에 쫓기다가 시체를 만진 손을 미처 씻지도 못하고 밥을 먹은 일도 있었어요. 길여는 굳은 의지로 모든 어려움을 참고 오로지 공부에 집중했어요.

하지만 전쟁으로 온 나라가 난리인 상황에서 공부를 하는 건 매우 힘든 일이었어요. 남학생들은 나라를 지키기 위해 학업을 포기하고 전쟁터로 나가 목숨을 걸고 싸웠어요.

길여는 이런저런 생각들로 고민하느라 밤잠을 못 자는 날이 많았어요.

'조국이 이토록 위태로운데 내가 공부에만 매달리는 일이 과연 옳은 일일까? 책상 앞에 앉아서 공부만 하는 일이 비겁한 것은 아닐까? 내가 조국을 위해 할 수 있는 일은 무엇이 있을까?'

어느 날 어머니가 길여의 자취방으로 찾아왔어요. 길여는 어머니에게 혼란스러운 자신의 마음을 털어놓았어요. 어머니는 잠시 생각에 잠기더니 조용히 말했어요.

"길여야, 네 마음은 이해한다. 하지만 전쟁이 났다고 모든 국민들이 총을 들고 싸울 수는 없는 거란다. 너는 묵묵히 네가 할 일을 하거라. 그리고 너의 재능을 조국을 위해 봉사하는데 써야 한다."

"네, 조국을 위해 반드시 훌륭한 의사가 되겠어요."

길여는 어머니 말을 가슴속에 새기며 다짐했어요.

전쟁이 끝나자, 다시 서울에서 학교를 다니게 되었어요. 길여는 학교 근처에 방을 얻어 자취 생활을 했어요. 시간이 흐르자 학교생활도 점점 안정이 되었어요.

길여가 학교에 다니는 동안, 어머니와 언니가 번갈아가며 서울과 군산을 오가며 쌀이며 반찬을 날랐어요. 어머니와 언니의 지극한 정성 덕분에 길여는 오로지 공부에만 전념할 수 있었어요.

한번은 언니가 손에 바리바리 먹을 것을 싸들고 찾아왔어요. 길여는 언니와 함께 자취방에서 앉아서 이런저런 이야기를 나누었어요.

"길여야, 공부하기 힘들지?"

"괜찮아. 나보다도 언니가 더 힘들지. 언니도 어머니도 모두 어려운 데도 나를 도와줘서 정말 고마워."

"우리 가족은 모두 네가 잘 되기를 바랄 뿐이야. 집안에 여자들만 있으니까 다른 사람들이 은근히 무시하고 깔본다니까. 너는 이

제 우리 집안의 희망이야. 그러니까 우리 걱정은 말고, 넌 공부 열심히 해서 꼭 큰 꿈을 이뤄야 해. 너의 꿈이 곧 우리의 꿈이니까."

아버지가 돌아가시고 얼마 뒤, 할아버지까지 갑작스럽게 돌아가시자 집안에는 여자들밖에 남지 않았어요. 게다가 방앗간까지 다른 사람 손에 넘어가 경제적으로도 어려운 상황이었어요.

"언니, 걱정 마. 내가 열심히 해서 꼭 성공할게."

1학년 겨울방학이 되자, 길여는 처음으로 고향에 내려왔어요. 그런데 마중을 나온 할머니가 앞을 잘 못 보시는 것을 알고 깜짝 놀랐어요.

"할머니, 눈은 언제부터 그런 거예요?"

"별거 아니다. 논에 나갔다가 마른 벼 이파리에 눈이 찔렸는데 그때부터 보였다가 안 보였다가 하는구나."

길여는 가슴이 쿵 하고 내려앉는 것 같았어요. 결국 농사일이며 집안일은 모두 어머니의 몫이 되어 버렸어요. 그런데도 어머니는 길여가 걱정할까 봐 힘들다는 얘기를 한번도 하지 않았던 거예요.

길여는 어머니를 부둥켜안고 울면서 말했어요.

"어머니가 이렇게 고생하시는 줄도 모르고, 저는 서울에서 편하게 공부만 했어요. 어머니, 앞으로 제가 어머니를 도울게요. 집안 형편이 이렇게 안 좋은데, 어떻게 저만 편하게 책상에 앉아서 공부를 할 수 있겠어요?"

"그게 무슨 말이냐? 난 괜찮으니 이까짓 일로 흔들리지 마라. 네가 열심히 공부하는 게 이 어미를 도와주는 길이야. 학비 걱정도 하지 말고, 부지런히 열심히 해서 훌륭한 의사가 되어라."

어머니는 어려운 살림에도 길여의 학비 만큼은 빼놓지 않고 챙겨 주었어요. 길여는 어머니의 사랑에 보답하기 위해서 더욱 열심히 공부했어요.

미국 유학의 꿈

　　　　　　대학교 2학년 여름방학이 시작되었어요. 길여는 조금이라도 돈을 아끼기 위해서 고향에 내려가 지내기로 했어요. 길여는 짐을 싸면서 가방 속에 사람 뼈도 챙겨 넣었어요. 틈나는 대로 사람 몸의 구조를 익혀야 했기 때문이었어요.

　길여는 고향 집에 내려오자마자 방 안에 뼈를 이리저리 펼쳐 놓았어요. 하루 종일 두개골과 척추 뼈를 살펴보고 만지기도 하고 실로 꿰면서 뼈의 순서와 사람 몸의 기관, 조직, 기능 등을 익혔어요. 사람 뼈에는 기름기가 잔뜩 묻어 있어서 방 안에서 고약한 냄새가 풍겼어요.

며칠 뒤부터 마을에 이상한 소문이 돌기 시작하더니 사람들이 길여네 집으로 우르르 몰려왔어요.

"길여가 죽은 사람 뼈를 가지고 왔다는 게 사실이에요? 죽은 사람 뼈를 우리 마을로 가져오다니. 도대체 정신이 있는 거야? 없는 거야?"

"아니, 우리 동네를 망하게 하려고 작정을 하지 않고서 어떻게 그럴 수가 있어? 동네에 안 좋은 일이라도 생기면 길여 네가 모두 책임질 거야?"

마을 사람들은 잔뜩 화가 나서 소리를 질러댔어요.

할머니는 깜짝 놀라 호통을 쳤어요.

"우리 집 안에 죽은 사람 뼈가 있다고? 이것이 뭔 소리냐? 당장 내다 버리지 못해!"

그때 어머니가 마을 사람들과 할머니 앞에 나서서 단호하게 말했어요.

"의술을 공부하는 학생이 사람 뼈에 대해 공부하는 건 당연한 일 아닌가요? 뼈를 알아야 나중에 수술도 하고 나쁜 병도 고칠 수 있지 않겠어요? 공부를 하려면 뼈를 옆에 두고 보는 건 당연하지요. 도대체 그게 왜 나쁘다는 거예요?"

마을 사람들은 혀를 끌끌 차며 기가 막혀 했어요.

"여자애를 대학교까지 보내더니, 길여 엄마가 미쳐도 단단히 미쳤나 보네!"

"하여간 우리 동네에 나쁜

일이 생기면 길여 책임이니까 그런 줄 알아!"

마을 사람들은 대문 앞에 침을 뱉고는 돌아갔어요.

그날 밤, 길여가 어머니에게 가만히 물었어요.

"어머니는 죽은 사람 뼈가 무섭지 않으셨어요?"

"왜 무섭지 않겠냐? 나도 사실 네가 사람 뼈를 가져왔을 때 섬뜩하고 겁이 났어. 그런데 사람의 몸을 알려면 뼈를 보고 만져야 하는 건 당연하지 않겠냐? 그러니 너도 다른 사람 말에 흔들릴 필요가 없단다."

"어머니, 늘 저를 믿어 주시고 제 편이 되어 주셔서 고마워요."

길여는 어머니를 꼭 끌어안았어요. 어머니는 언제나 당당하고 강했어요. 길여는 어머니의 그런 모습을 닮고 싶었어요.

1957년, 길여는 서울대학교 의대를 졸업했어요. 공부를 더 하고 싶었지만 집안 형편을 생각하면 그럴 수가 없었어요.

길여는 군산으로 내려가서 고생하는 어머니 곁에서 지내기로 했어요. 그리고 군산도립병원에서 처음으로 의사 생활을 시작했어요. 그곳에는 세계평화봉사단인 '퀘이커 의료봉사단'에 소속된 외국인 의사들이 수십 명 근무하고 있었어요. 파란 눈의 외국인들이 우리나라 사람들을 위해 무료로 진료를 해 주었어요.

'아버지도 분이도 이런 혜택을 받을 수 있었다면 그렇게 허무하게

떠나지는 않았을 텐데. 언젠가는 나도 가난한 사람들을 위해 무료 진료를 해야지!'

 길여는 외국인 의사들과 함께 일하면서 자연스럽게 영어를 배울 수 있었어요. 무엇이든 배울 수 있는 것이라면 놓치지 않고 배우려고 노력했어요.

 그러던 어느 날 폐렴 환자가 병원을 찾아왔어요. 그 환자는 입과 코에서 피고름이 계속 흘러나와 캑캑거리며 숨도 제대로 쉬지 못하고 있었어요.

 영국인 의사 골든은 다급한 목소리로 말했어요.

"흡입기를 가져와. 흡입기!"

 하지만 아무리 찾아봐도 흡입기가 보이질 않았어요. 간호사가 당황하며 말했어요.

"선생님, 아무리 찾아 봐도 흡입기가 보이지 않아요."

 갑자기 골든이 환자의 입에 자신의 입을 대고 피고름을 빨아내기 시작했어요. 보는 것만으로도 더럽고 역겨운 냄새가 진동하는 환자를 위해 자신을 희생하는 골든의 모습은 충격적이면서도 감동적이었어요.

 '자신의 가족도 아니고, 같은 나라 사람도 아닌데, 환자라는 이유로 저렇게까지 하다니……'

길여는 순간 망치로 뒤통수를 맞은 것처럼 멍해졌어요. 길여는 하얀 가운은 아무나 입는 게 아니라는 걸 깨달았어요. 다른 사람을 위해 봉사를 한다는 건 몸과 마음을 모두 다 주어야 한다는 것을 가슴으로 느꼈어요. 길여는 언젠가는 좀 더 넓은 세상에서 더 많은 것을 배우고 싶다는 생각이 들었어요.

그때 길여는 처음으로 미국 유학의 꿈을 꾸었어요. 하지만 미국으로 가는 비행기 표는 너무 비싸서 논을 팔아야 할 정도로 큰 돈이 필요했어요. 길여네 집 형편으로는 유학은 꿈도 꾸기 힘들었어요. 미래를 위해서라면 미국 유학을 꼭 가고 싶었지만, 고생하는 어머니를 생각하면 유학 얘기는 꺼낼 수도 없었어요. 길여는 아쉽지만 유학의 꿈을 잠시 접어 두기로 했어요.

그다음 해, 퀘이커의료봉사단은 군산도립병원에서의 일정을 마치고 돌아가게 되었어요. 그때 마침 골든이 길여에게 좋은 제안을 했어요.

"혹시 서울로 올라가 일해 볼 생각이 없나요? 당신이라면 얼마든지 서울에 있는 병원에서 일할 수 있을 거예요."

길여는 망설일 이유가 없었어요. 서울에 있는 병원에서 일을 하면 어머니께 경제적으로나마 도움을 줄 수 있었어요. 길여는 서울로 올라가 골든이 소개해 준 서울적십자병원에서 수련 생활을 하게 되었어요. 그곳에서 수많은 환자를 돌보고 치료하면서 다양한 경험을 쌓아갔어요. 어느새 길여의 마음속에는 자신만의 병원을 여는 꿈이 자라고 있었어요.

환자만
생각하는 의사

　　　　길여는 친구와 함께 인천에 자생의원이라는 이름으로 산부인과를 열었어요. 허름한 이층집을 수리한 뒤에 일층은 진료실과 대기실로, 이층은 입원실과 수술실로 만들었어요. 길여가 산부인과를 선택한 이유는 바로 여자이기 때문이었어요.

　그때만 해도 산부인과 의사들은 대부분 남자였어요. 여자들은 임신을 하고도 남자 의사에게 진료 받는 것을 꺼려했어요. 또 일손이 부족한 농촌에서는 여자들이 아기를 낳고도 몸을 제대로 쉬지도 않고 밭에 나가 힘들게 일을 하는 경우가 많았어요. 길여는 여자들에게 몸을 소중히 여겨야 한다는 걸 알려 주고 싶었어요.

처음 산부인과 문을 열고 환자를 진료할 때였어요. 길여가 청진기를 환자들의 가슴에 대자, 대부분 환자들이 흠칫 놀라며 몸을 움츠렸어요.

"왜 그렇게 놀라시죠?"

길여가 묻자 환자들은 똑같은 대답을 했어요.

"청진기가 차가워서요. 괜히 겁이 나네요."

은빛을 띤 청진기가 몸에 닿는 순간 느껴지는 찬 기운이 환자들을 놀라게 한 것이에요. 길여는 환자를 위해서라면 사소한 것도 그냥 넘어가지 않았어요. 어떻게 하면 청진기를 따뜻하게 할까 곰곰이 생각했어요. 길여는 청진기를 가슴 속에 넣어 두었다가 꺼내어 자신의 얼굴에 대 보았어요. 청진기는 더 이상 차갑지 않고 따뜻했어요. 그 뒤부터 길여는 환자들에게 가슴으로 품은 따뜻한 청진기를 대 주었어요. 환자들의 표정이 환하게 바뀌었어요.

"선생님, 청진기가 따뜻하니까 겁이 나지 않아요."

길여는 환자들의 웃음을 보면 덩달아 행복해졌어요. 길여는 환자들에게 어머니 같은 의사가 되고 싶었어요. 환자를 대할 때마다 어머니가 자신에게 베풀어 준 사랑을 생각했어요. 어느새 길여는 친절한 의사 선생님으로 소문이 났어요. 환자들은 한밤중이나 새

벽이나 가리지 않고 길여를 찾아 병원 문을 두드렸어요.

어머니와 언니는 병원에 관한 일이라면 무엇이든 도와주었어요. 환자를 돌보느라 끼니조차 제대로 챙겨 먹지 못하는 길여가 건강을 잃지 않도록 곁에서 살뜰하게 챙겨 주었어요. 어머니와 언니는 환자들과 병원 사람들이 먹을 음식을 만들고, 환자들이 쓴 침대보와 베갯잇 빨래며, 병원 청소 같은 궂은일도 마다하지 않고 도맡아 해 주었어요. 길여는 힘들기는 했지만, 어머니와 언니가 있어서 언제나 든든했어요.

어느 날 아침이었어요. 길여가 세수를 하러 수돗가로 나오는데 얼굴이 새까맣게 그을린 남자가 헐레벌떡 뛰어와 물었어요.

"선생님이 이길여 선생님이신가요?"

"네, 그런데요."

"제발 살려 주세요. 제발 제 아내 좀 살려 주세요. 아내가 죽을지도 몰라요."

남자는 울먹거리며 무조건 길여를 잡아끌었어요. 길여는 자세한 것은 물어보지도 않고 허겁지겁 왕진 가방을 챙겨서 간호사와 함께 남자를 따라나섰어요. 택시를 타고 도착한 곳은 월미도 여객선 터미널이었어요.

길여는 얼결에 영종도로 향하는 배에 올라탔어요. 그제야 남자는 길여에게 상황을 자세히 설명했어요.

"선생님, 아내가 아기를 낳으려고 해요. 그런데 아기는 나오지 않고 피가 많이 나요."

남자의 얼굴은 땀과 눈물로 젖어 있었어요.

"걱정하지 마세요. 괜찮아질 거예요."

길여는 걱정이 되었지만 남자를 안심시켰어요. 길여 일행은 영종도 선착장에 내려서 그늘 한 점 없는 뙤약볕 아래를 걷고 또 걸었어요.

이른 아침에 출발해서 점심도 거른 채, 꼬박 한나절을 걷기만 했어요. 마침내 작은 마을이 나타났어요.

길여는 남자를 따라 허름한 집으로 들어갔어요. 방문을 열고 들

어가자, 남자의 아내가 핏기 없는 얼굴로 누워 있었어요. 남자는 아내를 향해 외쳤어요.

"여보, 의사 선생님이 오셨어. 눈 좀 떠 봐."

남자는 아내를 흔들어 깨우며 울부짖었어요. 하지만 아무리 불러도 아내는 아무런 대답도 하지 않았어요.

"여보, 눈 좀 떠 보라고!"

"잠깐 뒤로 물러나 보세요."

길여가 아내가 덮고 있던 이불을 들추자, 훅 하고 피비린내가 났어요. 이불은 이미 피로 흥건하게 젖어 있었어요. 길여는 여자의 가슴을 헤치고 청진기를 대 보았어요. 이미 아내는 숨을 거둔 뒤였어요. 아내는 남편의 얼굴도 보지 못하고 의사 한번 만나 보지 못

하고 세상을 떠난 것이었어요.

길여는 맥이 탁 풀리고 온몸에서 힘이 쫙 빠져나갔어요. 남자는 아내를 부르며 울부짖고 있었어요.

"여보, 눈 좀 떠 보라니까. 의사 얼굴 한번 보고 싶다고 했잖아. 이렇게 가 버리면 난 어떡하라고!"

길여의 눈에서 눈물이 주르르 흘러내렸어요.

인천 앞바다에는 수많은 섬들이 있었어요. 하지만 이 중에 병원이 있거나 의사에게 정기적으로 검진을 받을 수 있는 곳은 한 군데도 없었어요. 가난하고 배우지 못한 섬사람들이 스스로 배를 타고 육지로 나와 병원을 찾는다는 건 말처럼 쉬운 일이 아니었어요.

길여는 마음속으로 다짐했어요.

'가난한 섬사람들을 위해 무료 진료를 해야겠어!'

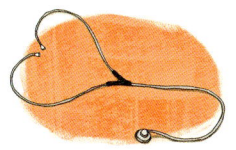

더 좋은
의사가 되기 위해

 길여는 무슨 일이든지 한번 마음먹으면 반드시 해야 했지요. 영종도에서 돌아오자마자 가난한 섬사람들을 위해 무료 진료를 시작했어요. 마음 같아서는 모든 섬을 찾아가서 무료 진료를 하고 싶었지만, 인천에는 워낙 섬이 많았고 그에 비해 의사와 간호사는 턱없이 부족했기 때문에 다른 방법을 찾아야 했어요.

 길여는 가능한 많은 섬사람들을 진료하고 싶었어요. 그래서 무료 진료를 하러 가기 몇 달 전부터 철저하게 계획을 세우고 차근차근 준비를 했어요. 우선 섬사람들에게 미리 무료 진료 날짜를 알려 주었어요. 그리고 영흥도나 이작도처럼 큰 섬으로 작은 섬사람들을 모이도록 했어요. 무료 진료를 하는 날에는 아침 일찍부터 밤늦게까지 쉬지 않고 진료를 했어요. 대부분 섬사람들은 평생 병원에 한 번 가본 적도 없었고, 의사 얼굴을 처음 보는 사람들도 많았어요. 섬마을 사람들은 아플 때에도 병원에 오지 못하고 고통을 참으며 견뎌야 했어요.

길여는 어렵게 찾아온 섬사람들을 위해 한 사람 한 사람 정성스럽게 치료해 주었어요.

또 치료뿐만 아니라 여자들이 건강하게 몸을 관리할 수 있도록 교육도 해 주었어요. 환자들을 돌보는 틈틈이 동네 여자들을 모아 놓고 강의를 했어요. 여자의 몸은 어떻게 생겼으며, 평소 건강관리는 어떻게 해야 하는지, 그리고 임신과 출산에 대비하는 요령이나 여자에게 생기는 질병과 예방법 등에 대해 알려 주었어요. 누구나 쉽게 이해할 수 있도록 칠판에 그림을 그려가면서 자세히 설명했어요.

"여러분, 여자의 몸은 매우 소중하답니다. 병이 난 뒤에 치료하는 것보다는 병이 생기지 않도록 미리미리 예방하는 게 훨씬 중요해요. 잊지 마세요."

길여는 병원 일만으로도 바빴지만 잠을 줄이고 끼니를 거르면서 섬사람을 위한 무료 진료를 계속했어요.

섬사람들은 길여가 오는 날만 눈이 빠지게 기다렸어요. 무료 진료를 하는 날이면 배가 섬에 도착해서 길여가 내리기도 전에 할머니들이 달려와 길여를 붙잡고 말하기도 했어요.

"어서 오세요, 선생님. 어젯밤에 비가 와서 선생님이 못 오시는 줄 알고 밤새 걱정했어요."

"마을 사람들은 선생님이 오는 날만 손꼽아 기다리고 있어요."

길여는 이런 말을 들을 때마다 더욱더 열심히 해야겠다는 생각이 들었어요. 그러던 어느 날, 인천 지역 미용사협회에서 미용사들이 길여를 찾아왔어요.

"의사 선생님께서 가난한 섬사람들을 위해 좋은 일을 많이 하신다고 들었어요. 미용사 중에는 형편이 어려운 회원들이 많아요. 여자의 몸으로 홀로 집안을 꾸려 나가는 가장도 있어요. 힘들게 살아가는 미용사들에게 병원비 할인 혜택을 받을 수 있게 해 주세요. 부탁드릴게요."

길여는 미용사들의 사정을 잘 알고 있었기에 선뜻 받아들이기로 했어요. 그리고 문득 좋은 생각이 떠올라 말했어요.

"다음에 우리 병원에서 무료 진료를 하러 갈 때 미용사 여러분들도 함께 가면 어떨까요? 의사들이 진료하는 동안 기다리는 주민들에게 미용사 분들이 무료로 머리를 해 준다면 좋을 것 같아요."

"좋아요! 그렇게만 해 주신다면 저희도 선생님을 도와 봉사를 하고 싶어요."

그렇게 해서 길여는 미용사들과 함께 무료 진료를 다니게 되었어요. 가는 마을마다 대청마루에서는 무료 진료를 하고, 앞마당에서는 머리를 깎고 다듬어 주었어요. 어느새 무료 진료도 점점 자리가 잡히고, 병원도 갈수록 안정되어 갔어요.

길여는 좀 더 넓은 곳에서 많은 것을 배우고 싶었어요. 시간이 갈수록 미국에서 공부하면서 선진 의료 기술을 배워 오고 싶은 마음이 점점 커졌어요. 길여는 시간이 날 때마다 틈틈이 미국 유학 준비를 했어요. 유학을 가려면 먼저 미국 의사 자격시험에 합격을 해야 했지요. 길여는 환자들을 돌보느라 끼니조차 거르는 일이 많았지만, 그 시간들을 쪼개어 영어 공부와 시험 준비를 했어요.

시험 보는 날, 수백 명의 사람들이 시험장에 모여 있었어요. 길여는 맨 뒷자리 앉아 있었는데, 영어 듣기 평가 때에는 스피커 상태가 좋지 않아서 애를 먹기도 했어요. 길여는 포기하지 않고 끝까지 집중해서 문제를 풀었어요.

얼마 후, 기다렸던 합격 통보를 받았어요. 어머니는 머나먼 외국으로 떠나려는 딸이 걱정되었어요.

"이제 병원도 자리 잡았는데, 꼭 유학을 가야겠니?"

"어머니, 걱정 마세요. 더 많은 것을 보고 배워서 훌륭한 의사가 되어서 돌아올 게요."

어머니는 늘 그랬듯이 길여의 결정을 믿었어요. 마침내 길여는 후배들에게 병원을 맡기고 꿈꿔 왔던 미국 뉴욕으로 떠났어요.

뉴욕은 미국에서 가장 큰 도시이고 세계의 경제 수도였지요. 길여는 뉴욕에 있는 메리 이매큘럿 병원에서 인턴 과정을 시작했어요. 메리 이매큘럿 병원은 최신식 의료 시설과 풍부한 의료 기구가 갖춰진 곳이었어요. 미국과 한국의 의료 환경은 그야말로 하늘과 땅 차이였어요. 주삿바늘이나 거즈조차 만들지 못하는 한국에 비해 미국은 그야말로 의료 천국이나 다름없었어요.

한국에서는 의료 기구가 턱없이 부족해서 주삿바늘은 닦아서 다시 썼고, 너무 낡아서 끝이 뭉툭해지면 갈아서 쓰는 일도 있었어요. 하지만 미국 병원에서는 환자들의 건강과 위생을 위해서 한 번 썼던 주삿바늘이나 거즈 등은 다시 쓰지 않고 반드시 버렸어요. 길여는 버려진 주사기들이 쓰레기통에 산더미처럼 쌓여 있는 것을 보면서 조국의 환자들을 떠올렸어요.

또 미국 병원은 사람들에게 병이 생기기 전에 예방하는 데 힘을 쏟고 있었어요. 한국에서는 사람들이 병에 걸리면 무조건 참다가

견디기 힘들만큼 고통이 심해지면 그때서야 겨우 병원을 찾아왔어요. 그러다 보니 치료 시기를 놓쳐서 안타까운 일이 생기는 일이 많았어요. 하지만 미국 병원에는 암 검사, 대사이상 검사와 같은 예방을 위한 진료가 널리 퍼져 있었어요. 길여는 예방 의료의 중요성을 깨닫게 되었어요.

꿈을 위한 시간들

인턴 생활을 하면서 길여는 소아과 환자들을 돌보게 되었어요. 첫날, 수간호사는 길여에게 환자들과 병명을 설명해 주었어요. 수간호사는 30명이 넘는 환자들의 병의 상태와 검사, 치료 결과를 1시간이 넘게 설명을 하면서도 진료 기록이 쓰여 있는 차트를 한 번도 보지 않았어요. 그 많은 내용을 모두 외워서 정확히 전달했어요. 길여는 환자 한 명 한 명에 대한 정보를 머릿속에 전부 담고 있다는 사실이 너무 놀라웠어요. 이 모든 것은 메리 이매큘릿 병원의 의사와 간호사들의 일상적인 훈련의 결과였어요.

길여도 수간호사에게 들은 내용을 그대로 외워서 수석 전공의에게 그대로 설명해야 했어요. 아직 영어가 서툴었지만 단어 하나라도 틀리면 안 될 뿐 아니라 처음 보는 환자에 대한 정보를 통째로 외우려니 머리가 터질 것만 같았어요. 길여는 잠시도 쉬지 않고 일했어요. 어느새 자신이 맡은 환자들의 기록을 다 외울 수 있게 되었어요. 인턴의 하루는 새벽 5시부터 시작해서 한밤중이 되어서야 겨우 끝이 났어요. 선배 의사들은 늘 당연하다는 듯 말했어요.

"인턴에게는 출퇴근이 따로 없어. 환자를 돌보다 보면 밤을 꼬박 새우는 것은 당연한 일이니까 자신의 몸 관리는 스스로 알아서 하도록 해. 환자를 제대로 치료하려면 아플 때만 잠깐 들여다보는 게 아니라 환자와 함께 생활해야 하는 거지."

길여는 선배들의 말을 따라 환자 곁에서 작은 변화까지 자세히 살피려고 노력했어요. 그러다 보니 환자의 모든 정보가 머릿속에 차곡차곡 쌓여갔어요.

길여는 대부분 시간을 환자들과 함께 지냈어요. 밤을 새워 공부를 하거나 환자들을 돌보는 일은 오래전부터 해 오던 일이기에 자신 있었어요.

길여는 책상 앞에 늘 이렇게 붙여 두었어요.

> 잠을 자는 사람은 꿈을 꾸지만,
> 잠을 이기는 사람은 꿈을 이룬다!

어느새 메리 이매큘릿 병원 소아과에서 길여는 주사를 잘 놓는 의사로 통했어요. 어느 날, 길여가 신생아의 이마에 주사를 놓을 때 한 번에 쉽게 혈관을 찾는 걸 보고는 다른 의사들이 깜짝 놀랐어요.

그 뒤로 동료들은 어려운 주사를 놓을 때나 환자의 혈관을 찾지 못해 여러 번 실패를 한 다음에는 어김없이 길여를 찾았어요. 길여는 미국에서의 생활에 점점 자신감이 생겼고, 다른 의사와 환자들에게 인정도 받았어요.

어느 날, 길여가 폐렴에 걸린 백인 노인을 진찰할 때였어요. 그 환자는 자신이 왜 병에 걸렸는지, 치료제로 맞고 있는 페니실린의 용량은 어느 정도인지, 치료 효과는 어떤지, 어떤 부작용이 있는지까지 자신의 병에 대해 자세히 알고 있었어요.

환자는 자신의 병을 잘 알고 있었기 때문에 병에 대한 두려움 대신에 이겨 낼 수 있다는 용기와 희망을 갖고 있었어요.

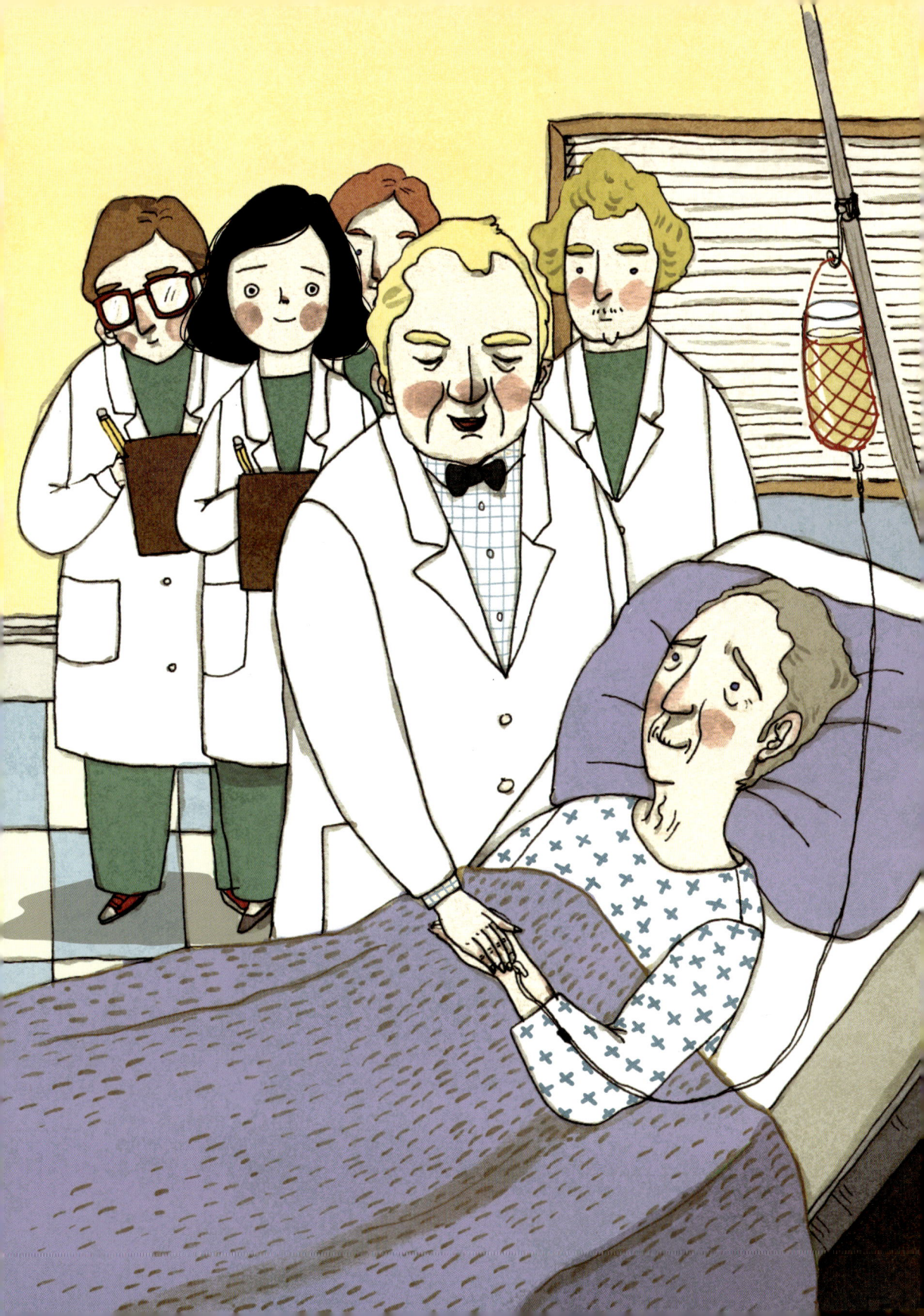

길여는 놀라우면서도 부러웠어요. 이는 의사가 환자에게 모든 사실을 자세하고 알기 쉽게 설명을 해 주었기 때문이었어요. 미국 병원의 의사들은 환자의 알 권리를 존중해 주었어요. 한국 의사들은 환자에게 병에 대해 자세히 설명해 주기는커녕 오히려 권위적이고 위압적인 태도를 보이기도 했어요.

길여는 미국에서 어느 정도 공부를 마치자, 조국으로 돌아가려고 했어요. 하지만 많은 사람들이 길여를 말렸어요. 특히 길여를 딸처럼 아꼈던 설리번 박사는 길여를 적극적으로 설득했어요.

"조금만 더 있으면 영주권도 나오고, 좋은 자리도 생길 텐데 왜 한국으로 가려는 거예요? 미국에서 살면 얼마든지 좋은 생활을 보장 받을 수 있을 텐데 말이에요."

설리번 박사의 말처럼 길여는 미국에서 인정받으면서 잘 살 수 있었어요. 굳이 한국으로 다시 돌아가 봤자 오히려 고생만 할 게 뻔했지요. 하지만 길여는 뜻을 굽히지 않았어요.

"나는 어머니와 환자들이 있는 나의 조국으로 돌아가야 해요. 미국에 오기 전에 어머니와 약속한 일이기도 해요."

설리번 박사는 길여의 생각을 존중해 주었어요.

길여는 지금이야말로 조국에 진 빚을 갚을 때라고 생각했어요. 결국 길여는 5년 동안의 미국 생활을 정리하고 어머니와 환자들이 기다리는 조국으로 돌아왔어요. 비행기에서 내려 공항 출구를 나서자 어머니와 언니, 병원 사람들이 길여를 따뜻하게 반겨 주었어요.

"길여야!"

"어머니!"

어머니가 길여를 부르면서 뛰어왔어요. 길여와 어머니는 서로 부둥켜안고 뜨거운 눈물을 흘렸어요.

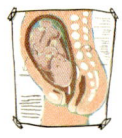

이길여 산부인과

길여는 돌아오자마자 새롭게 병원을 짓고, '이길여 산부인과'라고 이름을 지었어요. 길여는 당당하게 자신의 이름을 걸고 미국에서 배운 선진 의술을 펼쳐 보고 싶었어요.

병원 문을 여는 첫날, 길여는 병원 의사와 간호사들에게 말했어요.

"저는 병원을 열면서 꼭 지켜야 할 세 가지 원칙을 정했습니다. 첫째도 봉사, 둘째도 봉사, 셋째도 봉사예요. 병원은 항상 환자가 먼저입니다. 의사와 간호사 중심의 병원은 있을 수 없습니다. 환자의 마음을 제일 먼저 생각하고 환자가 편안할 수 있도록 최선을 다해

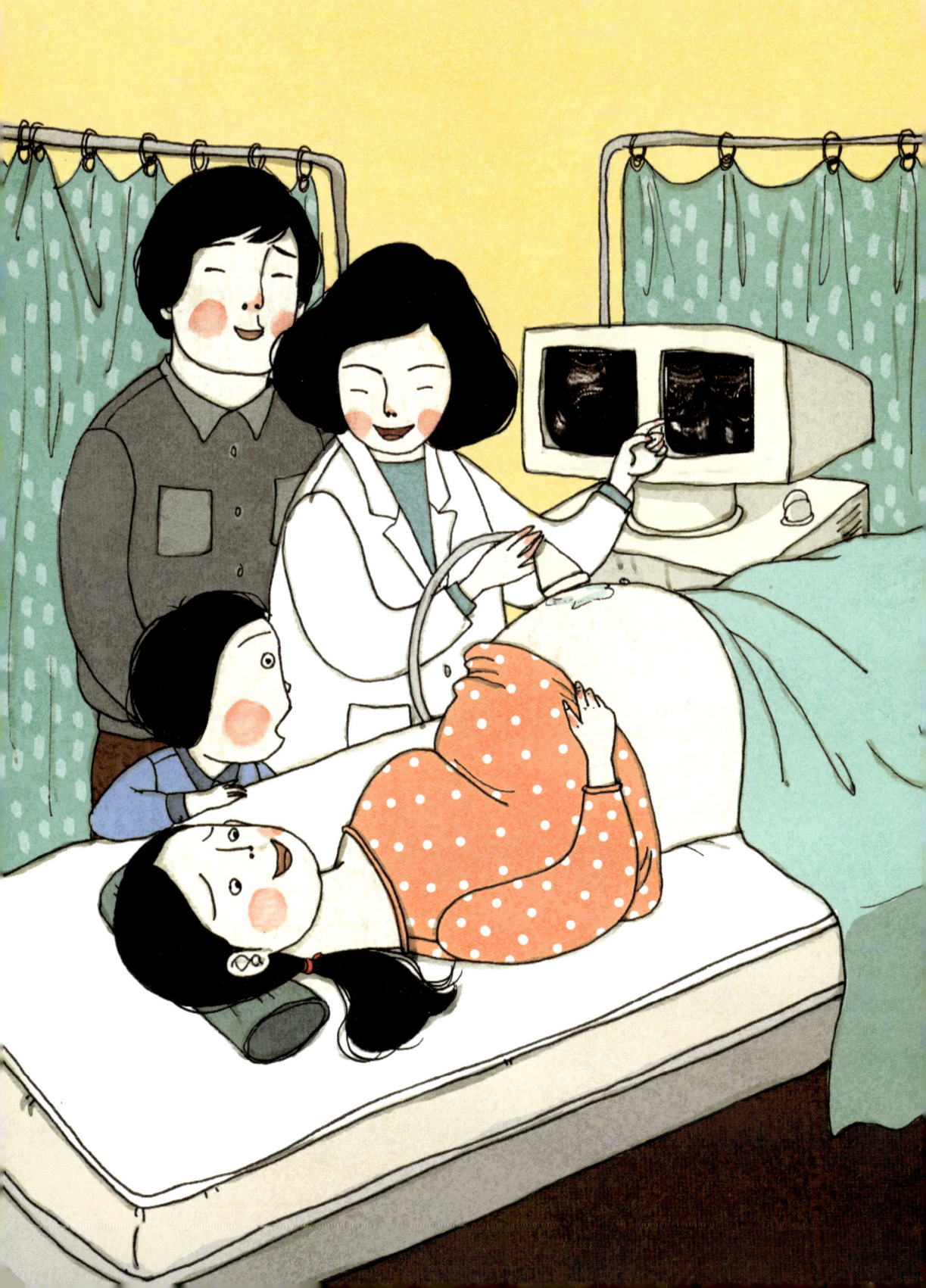

야 합니다."

어머니는 한층 성장해서 돌아온 딸이 자랑스러웠어요. 길여는 새롭게 지은 병원에 첨단 의료기들을 들여왔어요. 태아의 건강 상태를 직접 확인할 수 있는 초음파 기계도 있었어요.

임신부에게 태아의 심장이 뛰는 소리를 들려주자, 옆에 있던 가족들까지 함께 기뻐하며 흥분을 감추지 못했어요.

"저게 진짜 우리 아기가 내는 소리예요?"

"배 속에 있는 아기 소리를 직접 들을 수 있다니! 정말 신기해요."

길여는 환자에게 환자의 몸 상태가 어떤지 친절하고 자세하게 설명해 주었어요. 길여와 병원에 대한 환자들의 믿음은 점점 더 커졌어요.

길여는 바쁜 와중에도 그동안 마음속으로 다짐했던 것을 하나씩 실천해 갔어요. 그 가운데 하나가 '무료 자궁암 조기 검사'였어요. 미국에서는 여자들이 산부인과에 오면 무조건 자궁암 조기 검사를 했어요. 덕분에 일찍 병을 발견하고 미리 치료를 할 수 있었지요. 하지만 한국에서는 자궁암에 걸린 환자가 말기가 되어서야 겨우 병원을 찾는 일이 많았어요.

처음에는 대부분 사람들이 자궁암 조기 검진에 대해 잘 이해하지 못했어요.

"암이 뭐예요? 죽는 병인가요?"

환자들은 대부분 암이 무엇인지도 모르는 경우가 많았어요. 무엇보다 환자들은 진료비 걱정 때문에 손사래를 쳤어요.

"저는 검진 같은 거 필요 없어요. 사실 그럴 돈도 없고요."

"돈은 받지 않아요. 무료로 검사를 해 드리니 걱정 말고 그냥 하셔도 됩니다."

환자들은 돈을 받지 않는다는 말을 믿으려 들지 않았어요. 대부분 의심스런 표정으로 진료를 거부하기 일쑤였어요. 그때마다 길여는 환자를 붙잡고 조기 검진이 왜 중요한지 차근차근 이야기해 주었어요. 때로는 환자들이 이해하기 쉽게 여자의 신체 구조를 그림으로 그려서 보여 주었어요. 일일이 손가락으로 짚어가며 어디서 어떤 문제가 생겨서 아픈 건지, 왜 조심하고 예방을 해야 하는지 설명해 주었어요. 이러한 과정이 힘들고 지치는 일이긴 했지만, 길여는 포기하지 않고 꾸준히 해 나갔어요.

시간이 지나자 환자들도 조금씩 관심을 갖고 귀를 기울이기 시작했어요.

어느 날, 간호사가 길여를 급하게 찾았어요.

"원장님, 임신한 환자인데 배가 심하게 아프대요."

어머니와 함께 들어온 환자는 배를 움켜쥐고 울먹이며 말했어요.

"며칠 전부터 아랫배가 무겁고 굉장히 아팠어요."

길여가 진료를 해 보니, 환자는 '자궁외임신'이었어요. 수정란이 자궁이 아닌 곳에 자리 잡는 병이었지요. 이 때문에 배 속에서 혈관이 터져 계속 피가 나오고 있어서 환자의 생명까지 위험한 상황이었지요. 길여는 당장 수술 준비를 하라고 간호사에게 말했어요. 바로 그때, 환자의 어머니가 짐을 싸서 나가려고 했어요. 길여가 깜짝 놀라 붙잡으며 말했어요.

"아니, 지금 뭐 하세요? 빨리 수술을 하지 않으면 안 된다고요."

"그냥 돌아가야 할 것 같아서요."

"그게 무슨 말씀이세요? 지금 수술하지 않으면 따님의 생명이 위험해요."

그제야 환자가 눈물을 글썽이며 나지막한 목소리로 말했어요.

"선생님, 죄송해요. 저희는 보증금이 없어서 수술을 할 수가 없어요."

환자의 어머니도 옆에서 고개를 떨어뜨리고 울고만 있었어요. 그때 병원에서는 치료나 수술을 한 뒤에 돈을 내지 못해서 퇴원을 하지 못하는 환자들이 많았어요. 이를 예방하기 위해 수술을 하기 전에 미리 병원비를 내는 보증금 제도가 있었어요. 이 보증금 때문에 가난한 환자들은 병원에 올 생각조차 못했어요.

그때 길여가 환자의 손을 잡아 주었어요. 그리고 따뜻하게 다독였어요.

"걱정 마세요. 보증금 같은 건 받지 않을 게요. 일단 수술부터 받으세요. 지금 병원비 걱정보다는 목숨을 살리는 게 중요해요. 돈이 없으면 나중에 벌어서 갚으세요. 얼른 수술 받을 준비부터 하세요. 빨리요."

길여의 말에 환자가 놀라 되물었어요.

"보증금을 받지 않으신다고요?"

"네, 그러니까 어서 수술부터 받으세요. 그 몸으로 어딜 간다고 그러세요!"

하지만 환자는 자신의 몸보다도 가족부터 걱정했어요.

"죄송해요. 제가 병원에 있으면 아이들을 돌볼 수가 없어요. 아직은 견딜 만해요."

"지금 여기가 아픈 건 아기집에 염증이 생겨서 그래요. 손가락을 베어서 상처가 나면 곪죠? 여기도 똑같이 곪았어요. 수술을 하지 않으면 어떻게 될까요? 염증이 다른 데로 번져 병이 커지면 다시는 아이들을 보지 못할 수도 있다고요."

길여는 환자를 붙잡고 몇 번이고 설득했어요. 길여에게는 그만큼 환자의 병을 고치고 생명을 살리는 일이 중요했어요.

결국 환자는 수술을 받았고, 며칠 뒤에 건강한 몸으로 퇴원할 수 있었어요. 환자가 울면서 말했어요.

"선생님, 정말 감사합니다. 열심히 일해서 꼭 수술비를 갚도록 할게요."

길여는 퇴원할 때도 환자의 병과 치료 방법, 주의 사항 등을 환자와 보호자가 정확하게 이해할 때까지 자세히 설명해 주었어요. 또 치료를 제대로 안 받거나 주의 사항을 지키지 않으면 어떤 결과가 생기는지에 대해서도 잊지 않고 일러 주었어요.

그 일이 있고난 뒤, 길여는 병원 밖에 '보증금 없는 병원'이라고 써 붙였어요. 수납 창구와 병원 곳곳에도 같은 글귀를 써 붙이고 병원 안팎에 알렸어요. 모두들 당연하게 여겼던 보증금 제도를 가난한 환자들을 위해 과감하게 없애버린 것이에요.

길여는 가난한 사람들도 언제든지 병원에 와서 치료와 수술을 받을 수 있도록 애를 썼어요.

고마운 환자들

어느 날, 저녁이었어요. 길여가 진료를 끝내고 겨우 한숨을 돌리려는데, 한 여자가 병원으로 들어섰어요. 초라한 옷차림에 앞치마를 두른 여자는 수줍어하며 길여에게 무언가를 내밀었어요.

"선생님, 제 성의로 아시고 받아 주세요. 너무 작긴 한데, 제가 오늘 생선 시장에서 가장 싱싱하고 좋은 놈으로 골라서 여기로 곧장 가져왔어요."

여자가 내민 신문을 펼쳐 보니 싱싱한 망둥이가 있었어요. 여자의 얼굴을 보니 얼마 전에 어머니와 함께 보증금 없이 수술을 받았던 환자였어요.

"수술을 받고도 병원비를 내지 못한 게 계속 마음에 걸렸어요. 앞으로 두고두고 조금씩 갚아나가도록 하겠습니다."

길여는 기쁜 마음으로 망둥이를 받으며 말했어요.

"오늘 주시는 건 고맙게 잘 먹을 게요. 앞으로는 이런 거 가져오지 않으셔도 돼요. 건강한 몸으로 장사하고 돈 많이 벌어서 아이들을 잘 키우셔야죠."

"선생님, 제 목숨을 살려 주셔서 감사합니다. 앞으로 열심히 살면서 갚아 나갈게요."

여자는 자꾸 뒤를 돌아보며 고맙다는 인사를 했어요. 길여는 무료 진료를 받은 환자들이 언젠가 누군가를 도우며 살아갈 것이라고 믿었어요. 그리고 가슴 가득 기쁨을 느꼈어요.

어떤 환자들은 너무 가난해서 보증금뿐 아니라 진료비조차 내지 못하는 경우도 있었어요. 길여는 형편이 어려운 환자들에게는 진료비도 받지 않았어요. 환자들은 고마운 마음을 전하기 위해 진료비 대신 쌀, 감자, 옥수수, 생선 등 저마다 수확한 농작물을 한 자루씩 들고 왔어요. 어떤 사람은 집에서 꼰 짚신 몇 켤레를 들고 찾아왔고, 손수 짠 옷감을 들고 오기도 했어요.

어느새 병원은 환자들이 가져온 선물들로 가득 찼어요. 길여는 밀러드는 환자를 돌보느라 일 년 내내 병원 밖을 나오지 못하기도 했어요. 환자들이 가져다주는 곡식이나 과일들을 보고서야 계절이 바뀌는 걸 알아챌 때도 있었어요.

길여는 마치 어머니처럼 환자들 곁을 지키면서 슬픔과 기쁨까지도 함께 나누었어요.

길여에 대한 소문이 퍼지자, 산부인과 간판이 걸려 있는데도 다른 병에 걸린 환자들이 찾아오는 일도 있었어요. 그럴 때도 길여는 환자를 그냥 돌려보내지 않고 정성껏 보살펴 주었어요.

하루는 결핵 환자가 병원을 찾아왔어요.

젊은 남자는 목으로 넘어오는 피 때문에 숨도 제대로 쉬지 못했어요. 옆에서 아내가 눈물을 흘리며 길여에게 매달렸어요.

"선생님, 제 남편 좀 살려 주세요."

하지만 산부인과에서는 결핵 환자를 치료할 수가 없었어요. 길여는 어쩔 수 없이 인천도립병원으로 그 환자를 돌려보냈어요. 응급 환자인 경우, 병원을 옮기다가 목숨을 잃는 경우도 있었기 때문에 조마조마한 마음이 들었어요.

길여는 자신을 찾아온 환자들은 모두 치료해 주고 싶은 마음이 들었어요.

'종합병원을 지으면 모든 환자를 치료할 수 있을 텐데······.'

길여는 종합병원 의료 수준이 높은 일본에 가서 선진 의료 기술을 배워와야겠다고 마음먹었어요. 마침 일본의 니혼대학교에서 전자현미경 분야를 공부하고 돌아온 선배가 길여에게 니혼대학교 의대의 다케우치 다다시 교수를 소개시켜 주었어요.

다케우치 교수는 일본에서 알아주는 의사로 당뇨병과 신장 질환을 연구했어요. 다케우치 교수는 길여를 기꺼이 제자로 받아 주었어요. 하지만 모든 일이 쉽지만은 않았어요. 길여가 비자 신청을 하기 위해 일본 대사관에 갔을 때였어요.

심사관이 길여에게 물었어요.

"한국에서 병원까지 운영하시는 분이 왜 갑자기 일본에 가려고 하죠?"

"저는 산부인과 병원 의사예요. 하지만 일본에 가서 선진 의료 환경을 체험하고, 병리학을 좀 더 공부하고 싶어요."

길여는 한국에서 환자들을 돌본 것과 앞으로 일본에서 공부할 내용에 대해 자세히 설명했어요. 끈질기게 설득한 끝에 어렵게 비자를 발급 받을 수 있었어요. 그렇게 해서 길여는 마흔 셋의 나이에 일본으로 유학을 떠나게 되었어요.

길여는 다케우치 교수의 지도를 받으며 매일 실험실에 틀어박혀 끊임없이 연구하고 공부했어요. 길여는 실험을 위해 개나 고양이, 토끼 등을 대상으로 하는 동물 실험도 해야 했어요. 길여는 열심히 실험을 했지만, 실험 때문에 죽는 동물들을 볼 때마다 마음이 아팠어요. 길여는 실험으로 희생된 수많은 동물들을 위해 제사를 지내 주었어요.

길여는 틈날 때마다 일본의 병원들을 모두 돌아보았어요. 또 의과대학들이 어떻게 운영되고 있는지도 살펴보았어요.

일본의 병원은 국가가 운영하고 있었어요. 모든 국민들은 의료보험 혜택을 받았고, 특히 70세가 넘는 노인들은 무료로 의료 혜택을

받고 있었어요. 길여는 돈이 없어서 제때에 의료 혜택을 받지 못하는 조국의 환자들을 떠올렸어요. 그리고 일본처럼 모든 국민들이 의료 혜택을 받으려면 종합병원을 만들어야 할 필요가 있다고 생각했어요.

　일본은 의과대학을 만들어서 우수한 의사를 기르는 데도 온 힘을 기울이고 있었어요. 길여는 언젠가는 자신도 의과대학을 만들어서 사람을 키우는 일에 매달려야겠다고 결심했어요. 이처럼 길여는 일본에서 또 다른 큰 꿈을 설계했어요.

오직 환자를 위한 마음

길여는 일본에서 한국으로 돌아오자마자, 종합병원을 세우는 일부터 시작했어요. 그러기 위해서는 병원을 의료법인으로 바꾸어야 했어요.

"뭐라고? 네가 어떻게 만들어 온 병원인데 그걸 그렇게 바꾼단 말이냐?"

어머니가 깜짝 놀라 물었어요.

"어머니, 걱정 마세요. 종합병원이 되어야 모든 환자를 치료할 수 있어요. 그러려면 의료법인이 되어야 해요. 의료법인이 되면 병원이 훨씬 더 좋아질 거예요. 이익이 나면 많은 사람들을 위해 쓰니 얼마나 좋은 일이에요. 나중에 제가 죽더라도 우리 병원이 오래 남아서 많은 환자들을 치료할 수 있다면 좋겠어요."

"그래. 난 널 믿는다. 내가 너를 가졌을 때 꾼 태몽처럼 너는 수많은 사람들을 살리는 사람이 될 거다. 다만 네 몸도 좀 보살피면서 일하려무나."

어머니는 늘 길여를 믿고 응원해 주었어요.

"네, 어머니. 이제 제 걱정은 마시고 어머니 건강도 좀 챙기세요."

길여는 어느새 나이가 많이 들어 쇠약해진 어머니가 걱정되었어요. 그러면서도 바쁘게 일하느라 어머니를 제대로 챙겨드리지 못해서 늘 마음이 아팠어요.

길여는 그동안 열심히 모은 돈을 쏟아 부어 인천에 새 건물을 지었어요. 그렇게 해서 1978년 '의료법인 인천길병원'이 문을 열었어요. 드디어 종합병원의 꿈이 이루어진 것이에요.

길여는 의사와 간호사들에게 박애와 봉사, 애국을 실천할 것을 언제나 강조했어요.

그러던 어느 날, 어머니가 뇌졸증으로 쓰러졌어요. 길여는 눈앞이 캄캄해졌어요. 다행히 닷새 만에 깨어나기는 했지만 어머니는 예전 모습으로 돌아오지는 못했어요. 어머니는 휠체어를 타고 다녀야 했어요. 길여는 어머니를 볼 때마다 가슴이 아팠지만, 어머니를 실망시키지 않기 위해 병원 생활을 더욱 열심히 했어요.

어느 날, 대학 후배한테 연락이 왔어요. 후배는 길여를 보자마자 두 손을 꼭 잡더니 뜻밖의 부탁을 했어요.

"선배님, 양평 병원이 문을 닫은 지 2년이 넘었는데 아직까지 그대로 방치되어 있어요. 병원을 열어 봤자 환자가 얼마 없어서 손해를 볼 게 뻔해서 아무도 맡으려고 하지 않아요. 양평 사람들은 아파도 갈 병원이 없어요. 힘드시겠지만 부디 선배님이 양평 병원을 맡아 운영해 주세요."

양평은 그야말로 아무것도 없는 산골 마을이었어요. 의료 혜택이 제대로 미치지 못하는 곳이라 병원이 필요한 곳이었어요. 아무리 손해가 된다고 해도 환자들을 위해 누군가는 반드시 해야 할 일이었어요.

길여가 양평 병원 일로 고민을 하고 있을 때, 양평에 사는 할머니 몇 분이 길여를 찾아왔어요. 그리고 길여의 옷자락을 붙잡고 애원했어요.

"선생님께서 인천에서 무료로 환자들을 치료해 주셨다고 들었어요. 부디 양평 병원에 오셔서 우리 주민들을 좀 돌봐 주세요."

"맞아요. 우리 할아범이 병에 걸려 누워 있는데 큰 병원에서 주사 한번 맞고 죽는 게 소원이라네요. 선생님, 제발 양평 병원을 맡아 주세요."

길여는 할머니들을 보자 더 이상 고민할 수 없었어요. 몸이 불편한 어머니를 생각하며 할머니의 손을 꼭 잡고 약속했어요.

"네, 제가 병원을 맡아서 아픈 분들을 치료해 드릴게요."

이렇게 해서 '양평길병원'이 세워졌어요. 그 후 양평 사람들은 농약에 중독되거나 교통사고로 다치면 양평길병원을 찾아왔어요.

그후 몇 년 뒤, 철원에 사는 주민들이 길여를 찾아와 철원에도 병원을 열어 줄 것을 간곡하게 부탁했어요. 사실 강원도 철원은 양평보다 더 멀기 때문에 의료진을 보내는 일이 매우 어려웠어요. 하지만 길여는 휴전선을 가까이 두고 고달프게 살아가는 철원 사람들을 가엾고 안타깝게 여겼어요. 결국 철원에도 '철원길병원'을 열 것을 약속했어요. 사실 아무도 나서지 않는 곳에 계속해서 병원을 짓는 일은 모험이나 다름이 없었어요. 하지만 길여는 언제나 환자만 생각했어요. 특히 의료 혜택을 받지 못하는 가난하고 어려운 환자들을 위해서라면 돈이 되지 않아도 병원을 짓는 일을 주저하지 않았어요.

이후 길여는 인천에 최첨단 의료 시스템을 갖춘 '중앙길병원'까지 지으며 새로운 도전을 멈추지 않았어요. 중앙길병원은 야간병원을 내세우고, 24시간 진료를 시작했어요. 이제 아픈 환자들이 병원 문

을 열 때까지 문 밖에서 마음을 졸이며 기다리지 않아도 되었지요. 길여는 모든 일을 오로지 생명을 귀하게 여기는 마음으로 해 나갈 수 있었어요. 그리고 아직도 길여의 손길이 필요한 곳이 많다는 걸 알고 있었어요.

어느 날 길여는 인구 5천 명도 되지 않는 작은 섬 백령도에 있는 백령적십자 병원을 운영해 달라는 부탁을 받았어요. 길여는 문득 오래전에 만났던 한 환자가 떠올랐어요.

그 환자는 백령도에서 꼬박 하루가 넘게 배를 타고 길여를 찾아왔어요. 환자는 혈압과 맥박이 잘 잡히지 않았고, 온몸은 차갑고 백지장처럼 창백했어요. 심장은 뛰고 있었지만 거의 죽은 거나 다름없는 환자였어요. 길여는 급히 피를 수혈하고 밤을 새우며 최선을 다해 환자를 돌봤어요. 며칠 지나자 환자의 맥박이 정상으로 돌아왔어요. 얼굴빛이 발그레하게 돌면서 기적처럼 다시 살아난 것이에요.

길여는 그때의 기쁨을 잊을 수가 없었어요. 그날 길여는 환자를 향한 정성이야말로 세상 최고의 의술이라는 걸 깨달았어요.

그리고 다시 한번 다짐했어요.

'내 환자를 결코 죽게 놔두지 않을 거야. 온 정성을 다해 최선을 다해 보살피면 희망은 있어!'

그 일이 있은 뒤부터 백령도만 생각하면 왠지 모르게 가슴이 뜨거워졌어요. 백령적십자 병원을 운영해 봤자 손해를 볼 게 뻔했지만, 애타게 의사를 기다리는 가엾은 섬사람들이 눈앞에 아른거렸어요. 길여는 결국 백령도에 '백령길병원'을 열었어요. 그리고 환자들에게 제대로 된 의료 서비스를 제공하기 위해 현대적인 의료 장비도 갖추었어요. 또 민간 병원으로는 우리나라 최초로 섬과 육지를 잇는 원격 화상 진료 시스템을 도입했어요. 길여는 병원 하나를 지을 때마다 오직 환자만 생각하며 온 마음과 정성을 다했어요.

어머니의 사랑으로

　　　　　길여는 우연히 자신이 치료한 환자들을 만나는 일들이 있었어요. 무료 진료를 시작하고 몇 년 뒤였어요. 그날도 병원 가족들과 영종도에서 무료 진료를 마치고 밥을 먹으러 식당에 들어섰어요. 그때 식당 주인이 물었어요.

"혹시 이길여 선생님 아니세요?"

식당 주인은 몹시 반가워하며 길여의 두 손을 꼭 잡으며 말했어요.

"기억하실지 모르겠는데요. 제가 선생님 병원에 입원한 적이 있어요. 아기를 낳다가 죽을 뻔했는데, 그때 제 형편이 무지 어려웠어요. 그때 선생님께서 무료로 수술을 해 주셔서 이렇게 잘 살고 있어요. 그때 낳은 아들도 건강히 잘 자라고 있고요."

식당 주인은 옛날 생각이 나는지 눈물을 글썽였어요.

"선생님은 제 생명의 은인이세요. 그때 선생님이 아니었으면 저도 제 아들도 살아 있지 못했을 거예요."

그날 식당 주인은 길여를 위해 밥상을 푸짐하게 차려 주었어요.

길여는 자신이 치료한 환자들이 건강을 되찾고 행복하게 살고 있는 모습을 보면 가슴이 뭉클해지는 감동을 느꼈어요. 그 때문인지 길여는 누군가 '다시 태어나면 어떤 직업을 갖고 싶으냐?' 물으면 조금도 망설이지 않고 의사를 하겠다고 대답했어요. 길여는 한 생명을 구하는 일이 그 어떤 일보다 중요하고 귀한 일이라고 굳게 믿었어요. 길여는 의사라는 직업이 무척 자랑스러웠어요.

어느날, 길여는 미국과 일본에서 공부했던 유학 시절을 떠올려 보았어요. 미국과 일본은 어느 병원을 가든지 자원봉사자들이 넘쳐났어요. 그들은 자신의 봉사 시간을 기록한 카드를 목에 매달고 도움이 필요한 환자들을 열심히 도왔어요. 얼굴에 미소가 가득했고 열심히 일하는 모습이 언제나 보기 좋았지요. 병원뿐만 아니라 어디서든 봉사자들을 쉽게 볼 수 있었어요. 어른들은 물론이고 아이들이 봉사하는 모습은 특히나 기억에 남았어요.

길여는 아이들에게 봉사하는 습관을 가르치는 일이 매우 중요하다고 생각했어요. 그리고 아이들을 대상으로 한 '미추홀봉사단'을 만들었어요. 봉사단원들은 양로원, 보육원, 장애우 시설 등을 돌며 봉사 활동을 하고 이웃을 사랑하는 마음을 배웠어요.

어느 날 대학생이 된 봉사단원이 길여를 찾아와 말했어요.

"선생님, 저는 봉사라는 게 남을 위한 것인 줄만 알았는데, 알고 보니 저를 위한 것이었어요. 저에게 봉사의 깊은 뜻을 알게 해 주셔서 진심으로 감사드려요."

길여는 아이들이 바르게 커 가는 모습을 보면서 보람과 기쁨을 느꼈어요.

길여는 배움이 얼마나 중요한지 누구보다 잘 알고 있었어요. 비

록 자신은 힘든 환경에서 어렵게 공부했지만, 아이들은 좀 더 좋은 환경에서 편하고 즐겁게 공부를 할 수 있도록 도와주고 싶었어요. 길여는 의과대학교를 세워서 훌륭한 의사를 길러 내기로 결심했어요. 좋은 의사를 많이 길러 내는 일은 곧 더 많은 생명을 살리는 일이기 때문이에요.

　길여는 결심이 서자마자 몇 달 동안 인천 곳곳을 돌아다니면서 적당한 장소를 찾아 헤맸어요. 그리고 인천에서 가까운 강화에서 마음에 꼭 드는 곳을 찾아냈어요. 그곳은 짙푸른 산과 바다가 어우러진 모습이 매우 아름다운 곳이었어요. 길여는 그곳에 의과대학교를 짓기로 했어요.

　그리고 1998년, '가천의과대학교'가 만들어졌어요.

　'가천'이라는 이름은 길여의 아호로 '아름다운 기운이 솟아오르

는 샘'이라는 뜻이에요.

가천의과대학교가 세워진 첫해에, 길여는 학생들과 임원들이 모두 모인 자리에서 큰 소리로 말했어요.

"우리 학교 학생 모두에게 입학금과 등록금을 받지 않고, 기숙사까지 무료로 제공하겠습니다."

그 말을 들은 학생들과 임직원들은 모두 깜짝 놀랐어요. 여기저기서 웅성대는 소리가 들렸지요. 길여가 다시 말을 이었어요.

"아직도 우리나라에는 가난 때문에 공부를 하고 싶어도 대학에 가고 싶어도 갈 수 없는 학생들이 많습니다. 저는 그 학생들에게 마음껏 공부할 수 있는 기회를 만들어 주고 싶습니다."

길여는 어머니가 자신을 위해 모든 것을 희생하며 살아온 것처럼 학생들이 아무 걱정 없이 공부만 할 수 있게 해 주고 싶었어요.

그 무렵 어머니의 병세는 더욱 나빠졌어요. 길여는 어머니의 병을 고치기 위해 최선을 다했어요. 어느 날 힘든 병을 잘 이겨 내던 어머니가 길여를 향해 조용히 말했어요.

"길여야, 이제는 내 목숨도 다 된 것 같구나. 나를 더 이상 치료하지 마라."

"어머니, 그런 말씀 좀 하지 마세요. 저를 봐서라도 치료를 더 받으세요. 저와 함께 오래 사셔야지요."

길여는 핼쑥해진 어머니를 보자, 눈물이 핑 돌았어요. 믿고 싶지 않았지만 어머니가 얼마 더 살지 못할 것 같은 예감이 들었어요. 길여는 집에 있을 때면 어머니의 머리부터 발끝까지 온몸을 어루만지고, 어머니와 마지막 추억을 쌓기 위해 애를 썼어요.

비가 부슬부슬 내리는 어느 가을날, 어머니는 결국 돌아가시고 말았어요. 어머니의 죽음은 길여에게 하늘이 무너진 것만큼이나 커다란 충격이었어요. 어머니는 길여에게 생명과도 같은 분이었어요. 어머니의 무덤 앞에 서자 그동안 어머니와 함께 했던 시간들이 스쳐 지나갔어요.

할머니의 반대에도 기어이 학교를 보내고, 전쟁 중에도 혼자 딸 둘을 키워 내며 힘든 고생을 마다하지 않으셨던 어머니였어요. 길여가 의사가 되고 환자를 돌보느라고 바쁠 때 옆에서 모든 뒷바라지를 해 주신 분도 어머니였어요. 그동안 길여가 의사로서 앞만 보고 꿋꿋하게 살 수 있었던 것은 모두 어머니의 따뜻한 사랑과 희생 덕분이었어요. 어머니는 자신의 모든 것을 아낌없이 내어 주시고 그렇게 떠나고 말았어요.

어머니가 돌아가시고 난 뒤, 어머니에 대한 그리움은 더욱더 커져만 갔어요. 그 무렵 길여는 백령길병원을 돌아볼 겸 백령도에 가게 되었어요. 백령도는 '효녀 심청'의 고장으로 널리 알려진 곳이었어요. 길여는 바람을 쐬러 바다로 나와 멀리 장산곶을 바라보며 어머니 생각을 했어요. 문득 아이들에게 효의 의미를 알려 주어야겠다는 마음이 들었어요. 길여는 심청이 몸을 던진 인당수 앞에 효의 상징으로 '심청 동상'을 세우기로 했어요.

그렇게 해서 백령도에 심청 동상이 세워졌어요. 심청 동상은 어린 소녀가 아버지를 위해 바닷물에 몸을 던지는 순간, 무섭고 서러운 마음을 감추려고 치마로 얼굴을 가린 채 몸을 날리는 모습이에요. 길여는 전국에 있는 초·중·고등학교들을 대상으로 '효행상'을 만들어서 부모님께 효를 다한 아이들에게 장학금도 주었어요. 길여는 이를 통해 자라나는 아이들에게 부모님의 사랑과 효의 중요성을 알려 주고 싶었어요. 무엇보다 어머니에게 사랑을 받기만 하고 제대로 효도를 하지 못한 채 어머니를 떠나보낸 길여의 안타까운 마음이 담겨 있지요.

길여에게는 아직도 변하지 않는 꿈이 있어요. 그것은 아이도 어른도, 가난한 사람도 부자인 사람도, 여자도 남자도, 세상 모든 사람들이 건강하게 오래 살아가는 것이에요. 이 꿈을 이루기 위해 길여는 생명이 다할 때까지 모든 걸 바쳐서 헌신하고 봉사하겠다고 다짐했어요.

가천의과대학교 학생들이 학업을 모두 마치고 졸업을 할 때면 길여는 학생들의 목에 청진기를 걸어 주었어요. 길여는 그때마다 처음 의사가 되어서 환자를 진찰할 때, 환자를 배려하는 마음으로 가슴에 품었던 청진기를 떠올렸지요. 이제는 그 청진기가 제자들의 품속에서 따뜻하게 데워져 수많은 환자들에게 생명을 불어넣어 주길 바라는 마음으로요.

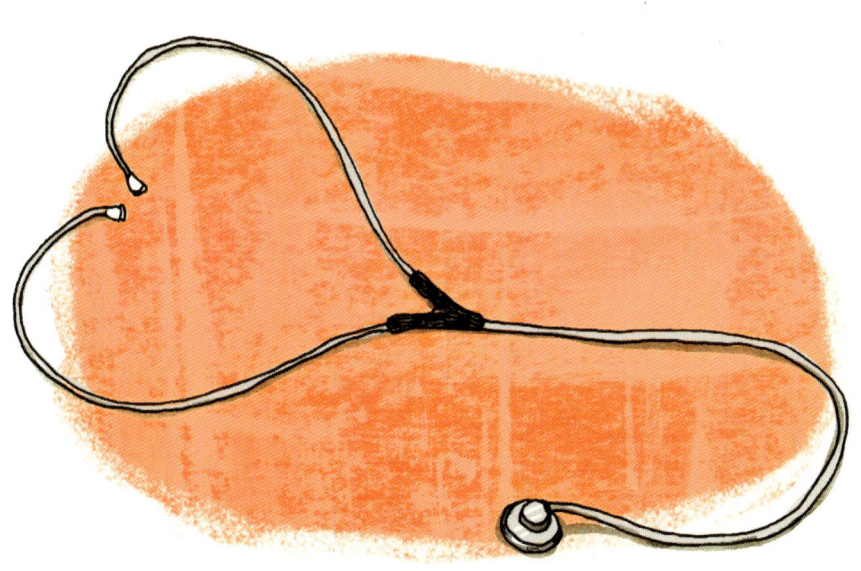

가천 이길여 박사가 걸어 온 길

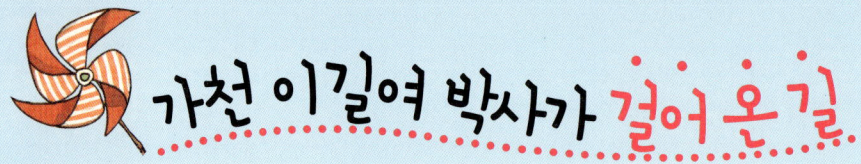

1958. 5~1978. 8.	산부인과의원 개원
1978.	의료법인 길의료재단 설립
1982. 6~1984. 5.	사단법인 한국여자의사회 회장
1991. 11.	재단법인 가천문화재단 설립
1992. 5.	사회복지법인 새생명찾아주기운동본부 설립
1993. 3.	사단법인 가천미추홀청소년봉사단 설립
1994. 12.	학교법인 가천학원 이사장 (가천의과학대학교, 신명여고, 가천인력개발원)
1995. 10.	가천박물관 설립
1998. 3.	가천의과대학교 설립
1998. 12~2000. 8.	학교법인 경원학원 이사장
1999. 8. ~ 현재	경인일보 회장
2000. 8. ~2012. 2.	가천대학교 총장
2002. 3. ~현재	가천길재단 회장
2003. 10.~2007. 12.	의사협회 '한국의학 100주년 기념사업위원회' 위원장
2003. 12.~2004. 7.	중앙인사위원회 인사정책자문회의 의장
2007. 10.~2008. 8.	한국과학기술기획평가원 이사장
2008. 10.~현재	의료법인 길의료재단 이사장
2011. 11.~2012.12.	국립대학법인 서울대학교 초대 이사
2012. 3.~현재	통합 가천대학교 초대 총장
2014. 5.~현재	경인지역 대학총장협의회 회장

가천 이길여 박사의 수상 내역

- ♥ 국민훈장 목련장 수훈(1985)
- ♥ 서울대 총동창회 제5회 관악대상 수상(2003)
- ♥ 국민훈장 무궁화장 수훈(2003)
- ♥ 제13회 자랑스런 서울대인상(2003)
- ♥ 제8회 함춘대상 사회공헌부문 대상 수상(2007)
- ♥ 2007 자랑스런 한국인 대상 수상(2007)
- ♥ 과학기술훈장 창조장(1등급) (2009)
- ♥ 몽골 최고 훈장인 '훙테트 템데그 의료훈장' 수훈(2009)
- ♥ 여성신문사 '올해의 인물상' 수상(2011)
- ♥ 한국과학기자협회, 우남 과학진흥상(2011)
- ♥ 뉴스위크 '2012 세계를 움직이는 여성 150인' 선정(2012)
- ♥ 인촌상 '공공봉사부문' 수상(2012)
- ♥ 하와이한인회 주최
  '하와이 이민 110주년 기념식' 공로패(2013)
- ♥ 포브스(Forbes) '아시아 기부 영웅 48인' 선정(2013)
- ♥ 키르기스스탄 최고 훈장인 '아틀리치닉 즈드리바 아흐라네니야' 수훈(2015)

사랑으로 품은 청진기
바람개비 의사
이길여

글 | 백은하
그림 | 이영림

초판 1쇄 발행 | 2015년 6월 9일
초판 3쇄 발행 | 2016년 7월 6일

펴낸이 | 신난향
편집위원 | 박영배
펴낸곳 | (주)맥스교육(상수리)
출판등록 | 2011년 8월 17일(제321-2011-000157호)
주소 | 서울특별시 서초구 논현로 83 삼호물산빌딩 A동 4층
전화 | 02-589-5133(대표전화)   팩스 | 02-589-5088
블로그 | blog.naver.com/sangsuri_i   홈페이지 | www.maksmedia.co.kr

편집장 | 송지현
기획·편집 | 허현정 조현주
디자인 | 서정민 김세은
영업·마케팅 | 홍동화 김규태 박재준
경영지원 | 장주열
인쇄 | 삼보아트

ISBN 979-11-5571-326-6 73810

정가 12,000원
ⓒ 백은하, 이영림, 2015

* 이 책의 내용을 일부 또는 전부를 재사용하려면 반드시 (주)맥스교육(상수리)의 동의를 얻어야 합니다.
* 이 도서의 국립중앙도서관 출판시도서목록(CIP)은 e-CIP홈페이지(http://www.nl.go.kr/ecip)와
  국가자료공동목록시스템(http://www.nl.go.kr/kolisner)에서 이용하실 수 있습니다. (CIP제어번호: 2015014611)
* 잘못된 책은 바꾸어 드립니다.

> 상수리는 독자 여러분의 귀한 원고를 기다리고 있습니다.
> 투고 원고는 이메일 maxedu@maksmedia.co.kr로 보내 주세요.

어린이제품안전특별법에 의한 제품 표시
제조자명 (주)맥스교육(상수리) \ **제조국** 대한민국 \ **제조년월** 2016년 7월 \ **사용연령** 만 7세 이상 어린이 제품